U0933320

宫殿建筑里的

极简欧洲史

WATCH THE ROYAL COURT STORY
FROM THE PALACE BUILDING

许汝纮　编著

海南出版社
·海口·

用图片说历史：宫殿建筑里的极简欧洲史
许汝纮著
中文简体字版 © 2019 年，由海南出版社有限公司出版。
本书由信实文化行销有限公司正式授权，经由凯琳国际文化代理，由海南出版社有限公司出版中文简体字版本。非经书面同意，不得以任何形式任意重制、转载。

版权合同登记号：图字：30-2018-009 号

图书在版编目（CIP）数据

用图片说历史：宫殿建筑里的极简欧洲史 / 许汝纮编著. -- 海口：海南出版社，2019.10
ISBN 978-7-5443-8885-6

Ⅰ. ①用… Ⅱ. ①许… Ⅲ. ①欧洲 – 历史 – 通俗读物 Ⅳ. ① K500.09

中国版本图书馆 CIP 数据核字 (2019) 第 207089 号

用图片说历史：宫殿建筑里的极简欧洲史
YONG TUPIAN SHUO LISHI: GONGDIAN JIANZHU LI DE JIJIAN OUZHOUSHI

作　　者：许汝纮
监　　制：冉子健
丛书策划：冉子健
责任编辑：张　雪
封面设计：PAGE. 11 qq:779513274
责任印制：杨　程
印刷装订：天津联城印刷有限公司
读者服务：武　铠
出版发行：海南出版社
总社地址：海口市金盘开发区建设三横路 2 号　　邮编：570216
北京地址：北京市朝阳区黄厂路 3 号院 7 号楼 102 室
电　　话：0898-66830929　010-87336670
投稿邮箱：hnbook@263.net
经　　销：全国新华书店经销
出版日期：2019 年 10 月第 1 版　2019 年 10 月第 1 次印刷
开　　本：787mm × 1092mm　1/16
印　　张：18.75
字　　数：310 千
书　　号：ISBN 978-7-5443-8885-6
定　　价：78.00 元

目　录

序

在宫殿的辉煌与兴衰中，看见历史的更替与陨落

阅读是一件愉悦的事情，尤其是阅读历史。

历史告诉我们什么是文化，什么是真理，什么是人性的善美，什么是人类思想的真谛。“用图片说历史”系列，试图将历史与艺术、生活紧密拼成一个以图像思考的拼图，让轻松的文字和直观的图像产生对话。

《用图片说历史：宫殿建筑里的极简欧洲史》，是“用图片说历史”系列的第二本书。遍布世界各地的每一座宫殿，都是人类宝贵的文化遗产。作为帝王将相权位的象征，它们得到特别的关照。雄厚的财力、优秀的建筑设计师和技艺超群的能工巧匠，造就了宫殿建筑的卓越与辉煌，也映照着君王权势的强盛与武力的强大。

因此，不同时代的历史、宗教、文化倾向，可以在宫殿建筑上看见深烙的痕迹。单纯从艺术层面来看，没有任何建筑能够比宫殿更具时代意义。尤其在宫殿的建造过程中，统治者们大都顺应建筑发展的必然规律，从而能够使这些具备时代特征的建筑历久弥新。

19 世纪之前的欧洲史，是人类文明发展史中重要而又独特的一环，不同的民族冲突、疆域领土的争夺、宫廷内部的权力拉锯紧紧交织在一起。宫殿建筑也在历史的跌宕起伏中，成为诠释欧洲文明的重要线索。这些建筑历经了罗马式、哥特式、文艺复兴式、巴洛克式、古典主义式和洛可可式等不同风格，成为人类历史的重要组成部分。

因此，在这些时代背景下，帝王的英武与昏庸，王妃的宠爱与哀怨，权臣的忠诚与狡诈，在宫殿这个舞台上精彩上演。权力与财富所造就的骄奢淫逸的生活、利欲熏心的斗争，可作为后人对历史的借鉴，但也留下了许多未解之谜。

带着这些疑惑以及对历史的关怀，本书对欧洲宫殿背后的历史进行了系统的梳理，试图挖掘出宫殿背后的动人故事。希望透过通俗易懂的方式，揭开宫殿建筑如迷雾般的神秘面纱，聆听其动人的声音，体会人类历史长河中每一个精彩的段落。受限于篇幅，本书或有诸多不够周全之处，由衷地期待您的指正，也盼望“用图片说历史”系列丛书的规划能获得您的青睐。

生活中有许多不能缺少的美好事物，比如音乐、艺术、建筑、文学，它们之间息息相关，交错发展。笔者希望借着阅读、倾听、思索，形成一股大家坚持、信守的文化力量。感谢您长期以来对华滋出版的支持与鼓励，这是我们向前迈进的最大动力。

许汝纮

华滋出版 总编辑

意大利·罗马

金　宫

DOMUS AUREA

埋藏在罗马城下的神秘迷宫

金宫是暴君尼禄的皇宫。金宫正厅呈圆形，能像天空那样昼夜旋转，厅堂内镶着黄金、宝石和珠贝。餐厅装置着能旋转的象牙天花板，并设有孔隙以便在举行宴会时，能从上面洒下鲜花与香水，可见当时金宫里的纸醉金迷。

暴君尼禄的欲望之梦

金宫是至今为止我们发现的最大的宫殿建筑遗迹。公元68年，在宫殿建成时，它的总面积达到80万平方米，比目前世界上现存最大的宫殿建筑群——北京紫禁城，还要大8万平方米左右。在现存遗址的9290平方米内，有300多个房间，目前已发掘出150间，但只有32个房间可以开放让大众参观。由于年代久远，人们已经无法考证每个房间的功能，但总而言之，房间的排序是杂乱无章的，房间的面积也大小不一，大的超过一百平方米，小的仅容转身。

“八角大厅”是金宫遗址中的代表作，那是一个袖珍型的神庙，鲜少的内部装饰，原原本本地衬托出神庙的空间感。遗址中还有一条30米长的狭窄通道，拱顶表面不时有渗水的迹象，阴冷潮湿。走廊和房间相互连接，阴暗的厅堂四壁凿有窗眼，可以透进几许阳光。虽然金宫的规模十分惊人，但没有任何表面装饰的泥地、砖墙，与罗马废墟的断墙残柱相比，不仅缺乏美感，甚至还让人隐约有着窒息感。其实，宫殿背后的故事远比宫殿本身更为神秘而可怕，所有的这一切都离不开一个叫作尼禄（Nero，37～68）的古罗马皇帝。

公元37年，尼禄出生在罗马附近繁华的海滨城市安齐奥的一个贵族家庭。他的生父叫阿赫诺巴尔布斯，是罗马帝国一个恶名昭彰的行政官。尼禄3岁的时候，阿赫诺巴尔布斯就离开了人世，他由母亲小阿格里皮娜（Agrippina the Younger）独自抚养长大。小阿格里皮娜是一个阴险狡诈、贪权好势的女人。为了让她的儿子接受上等教育，她改嫁给一位大富豪。后来，罗马帝国的克劳狄皇帝（Claudius，41～54，罗马第一位皇帝屋大维的孙子）的第三任妻子过世，于

公元37年，尼禄出生在罗马附近繁华的海滨城市安齐奥，他的生父是罗马帝国一个恶名昭彰的行政官。

金宫是至今为止，人类发现的最大的宫殿建筑遗迹。这幅铜版雕刻画出自意大利艺术家之手，所描述的只是金宫一角。

小阿格里皮娜唆使屋大维娅监控尼禄的行为，导致尼禄对母亲怀恨在心。图中为尼禄企图刺杀妻子的情形。

是，小阿格里皮娜就毒死了自己的第二任丈夫，并诱惑老国王。由于尼禄和克劳狄是叔侄关系，小阿格里皮娜利用这层关系，有了接触老国王的机会，并以亲戚关系为借口，极力劝说克劳狄娶她。公元 49 年，小阿格里皮娜如愿成为皇后，为了再次满足自己的私心，她又费尽心机迫使克劳狄废掉原来的王储布尼坦尼克斯，改立她的亲生儿子尼禄为王储。

从这张图中很难看出小阿格里皮娜是一个阴险狡诈、贪权好势的女人。她经常以折磨他人为乐。

2 年后，克劳狄将他与前妻美撒利娜所生的女儿屋大维娅嫁给了尼禄，并指定尼禄为法定的继承人。出乎意料的是，3 年后，克劳狄身体仍然健康。利欲熏心的小阿格里皮娜似乎一刻也等不下去，而年迈迟钝的克劳狄也成了她算计里的牺牲品。她悄悄收买禁卫军，用一盘有毒的蘑菇毒死了老皇帝，随后立年仅 17 岁的尼禄为新的罗马皇帝。小阿格里皮娜又继续施展权谋，迫使早已有名无实的元老院把一切权力交给她的儿子。就这样，尼禄靠着母亲的力量登上了皇帝的宝座。然而，这种看似温情却尔虞我诈的利益输送，注定将成为权力的牺牲品。

克劳狄皇帝因其貌不扬，口吃且跛脚，在许多人眼里是一个傻瓜。其实，他是一位稳健的国君，曾经将不列颠划入罗马的版图。

母亲的娇惯与势力、宫廷的腐朽和倾轧，造就了尼禄放荡不羁、骄横残忍的个性。尼禄执政之初，由于不理政事，朝中大权被他母亲掌控。但随着年龄的增长和权力的膨胀，他对母亲的不满情绪也逐渐升高，直至心存怨恨。此时的小阿格里皮娜也开始感受到尼禄的不满，但她怎么也不肯放弃权力，反而唆使屋大维娅监控尼禄的所有行为，甚至对尼禄施加政治压力。她曾经宣称，如果尼禄一意孤行，她就会像废掉克劳狄一样废掉他这个新国王，改立尼禄同父异母的弟弟布尼坦尼克斯为帝。没想到，小阿格里皮娜的这席话，让残暴成

母亲的娇惯和宫廷势力的腐化，造就了尼禄放荡不羁、骄横残忍的个性。图为尼禄与他的老虎。

性的尼禄怀恨在心。公元55年，在一次宫廷宴会上，尼禄以毒酒毒死了布尼坦尼克斯。席间，当年仅14岁的孩子痛苦地倒在地上痉挛，尼禄却若无其事地说，这只不过是癫痫发作罢了。这一事件令小阿格里皮娜十分难堪，母子之间的矛盾因此更加白热化。

当时，尼禄十分宠爱一个其貌不扬的女奴，这当然遭到小阿格里皮娜的坚决反对，她将尼禄叫到跟前，呵斥道：

“你为什么喜欢一个低贱的女奴？这显然违背了我对你的期望。”

“因为我是皇帝，我就可以决定一切。”

“放肆，别忘了罗马的命运掌握在我的手里。我可以让你当皇帝，也可以让你变得一文不值。”恼羞成怒的小阿格里皮娜斥责道。

经过这次争吵，尼禄萌生了杀母的念头。一天夜晚，尼禄像往常一样搀扶着衣着华丽的母亲登上一艘豪华的三层游船。他特意摆下丰盛的酒宴，与母亲一起畅饮。一生与权势打交道的小阿格里皮娜丝毫没有察觉到儿子的异常，反而认为这是尼禄顺服她的表现，以为尼禄和女奴只不过是逢场作戏罢了，违背她心意的儿子终究会回心转意。但是她的噩梦却出现了。

在小阿格里皮娜回皇宫的途中，一个巨大的铅块从天而降，她所坐的那艘船被狠狠砸中，船身摇晃不止，最后小阿格里皮娜掉入水中。此时，她的护卫和侍从却突然之间通通消失了，她努力挣扎着游上岸，突然间，一个手持利刃的人出现在她眼前，一刀刺向她的身体。小阿格里皮娜就这样结束了她权谋的一生，而幕后的指使者竟是她毕生努力扶持的儿子——尼禄。

小阿格里皮娜死后不久，当时的军事统帅布鲁斯就神秘地死去，尼禄的老师塞涅卡，因恐惧尼禄的残暴也隐居起来。在尼禄身边相继而来的都是一些投其所好、百依百顺的奸恶之人，这些人不仅有意放纵尼禄的恶行，也和尼禄一同肆无忌惮地挥霍，终日沉湎于声色犬马与宴庆游赏之中。

燃烧九天的大火

尼禄当政前期的罗马相当繁荣，是罗马史上难得的鼎盛时期。它的疆域北起不列颠，南到摩洛哥，西临大西洋，东至里海，疆域十分辽阔。在尼禄杀死母亲之后，国家的权力集中在他一个人的手里，他成为帝国最高的统治者、立法者、法官和祭司，因而助长了邪恶本性。

为了掠夺财产，他曾杀死北非和西班牙的几十个地主，将他们的全部家当收归国有。而且，他不但废除了早年制定的减税法，还霸占了教堂的财产。出于嫉妒的心理，尼禄甚至将帝国元老院里那些穿金戴银的议员妻子们赶进竞技场，逼迫她们互相残杀，而自己却在一旁饮酒作乐。

尼禄认为自己是个多才多艺的天才，绘画、雕塑、歌唱、演奏、诗歌，等等，无所不能。他经常在皇宫花园的露天剧场里，邀请平民听他弹琴歌唱。尤其在节日

不可思议的是，帝国元老院里议员们的妻子也常常被尼禄赶进竞技场，互相残杀，而尼禄本人却在一旁观赏，饮酒作乐。

这幅图片中的女子手中所拿的正是七弦琴。

在尼禄眼中，元老院的议员们都只是虚设而已。

的时候，尼禄更是经常在宫中举办豪华的演出节目，朗诵诗歌或演奏乐器。讽刺的是，他会命令士兵把剧院的大门锁死，不许观众中途离席，尽管有的观众由于不堪忍受他拙劣的演技，冒死越墙逃跑，也丝毫不减他的雅兴。根据记载，公元 66 年，尼禄曾经到希腊进行公开演出。其间他还参加了奥林匹克赛会，并亲自扮演各种角色。希腊人对他的精彩表演给予了热情的赞赏，为此，他赐予希腊自治权。

史学家们研究后发现，尽管尼禄是一位暴君，但他也有自己独特的思想与世界观，并且懂得利用建筑和雕塑表达他的思维，金宫的建造似乎也能证明这一点，但由于他太过残暴，人们对于他爱好艺术的评价总是显得很主观。

其实，尼禄时期的罗马，其腐朽与没落有着深刻的社会根源。当时的罗马统治阶级对周围各国进行长达几世纪的侵略战争，无数的土地划归在帝国的版图之中，数不清的财富任由罗马统治者挥霍。对此，为罗马皇帝作传的斯维托尼乌斯有过这样的记载：

“上等阶层的成员们都在赛会里担任角色。四百名元老和六百名骑士在半圆形剧场中参加白刃战，甚至亲自出场与野兽搏斗。”

这说明雄厚的物质、财富已经使罗马上层社会渐渐腐化。尼禄作为最高统治者，自然是上层社会极度享乐的典范。公元 64 年 7 月的一场大火，以及随后而来的事情，也许更能解释这个评断。

当时，可怕的大火突然从圆形竞技场附近开始燃烧，大风助长火势迅速蔓延，大火燃烧了整整 9 天。全城 14 个区域中只有 4 个区域被抢救下来，3 个区域化为焦土，其他各区只剩下断垣残瓦。成千上万的生命和财产被火舌吞噬，许多宏伟壮丽的宫殿、神庙和公共建筑物化为灰烬，而从战争中掠夺来的金银财宝、艺术珍品和不朽的古老文献原稿也惨遭火舌吞没。

当罗马城变成一片火海的时候，生性好斗的尼禄登上花园中的塔楼，在七弦琴的伴奏下，观赏熊熊大火席卷罗马城的情景。据说他还诗兴大发，高声吟诵有关古希腊特洛伊城毁灭的诗篇。大火过后，基督徒被怀疑为纵火者。

罗马大火的纵火者及其纵火的真正原因，直到今日都还是一个谜，史学家也很难下断言。根据当时罗马史学家塔西佗的记述，为了能够建造新的罗马城，尼禄亲自派人烧了罗马城。他写道：

“有人证实，大火最初是从尼禄的房间开始燃烧的，尼禄想建一座以他的名字

当罗马城变成一片火海的时候，尼禄专门登上罗马城附近奎利那雷山的别墅，在七弦琴的伴奏下，观赏大火席卷罗马城的情景。

尼禄的“金殿”镶着黄金、宝石和珠贝，他掳掠而来的各种珠宝、器皿和珍贵的艺术图画大都陈列在这里，其中包括《拉奥孔》。

命名的新首都。当大火吞噬城市时，许多想去救火的人反而遭到了死亡的威胁，还有一些人竟奉命到处投火把。”

除此以外，塔西佗还在其所著的《编年史》中揭示说：

“火灾之前，罗马城的城市规划凌乱不堪，为此尼禄规定，重建的房屋和街道必须测量好了再建，建筑物的高度被限制，民房前面必需加建廊柱，以为荫护。此外，火灾之后的建设，除了金宫以外，还应该包括未被皇宫占据的其他地区。”

也有学者大胆假设这场大火确实是来自尼禄的本意，他觉得这既是一种快速摧毁城市的方法，还可以欣赏大火燎原的刺激场面，创造出一件后世没办法复制的艺术品。但也有学者指出，如果确实是尼禄所为，为什么他不直接派人推倒罗马城，反而偏偏要假借他人之名呢？这背后是否还隐藏着巨大的阴谋？

暴君之死

无论人们如何臆测罗马城起火的原因，但一个不争的事实是，作为尼禄皇宫的金宫被建成了。宫殿的模样如何呢？苏维托尼乌斯是研究古罗马皇帝的专家，他曾经这样描述金宫：“宫殿的门廊十分高大，可容纳一座 37.2 米高的尼禄巨像。屋顶像广场一样宽阔，仅三排柱廊就长达 1500 米。宫内的池塘宽到看不到对岸。池塘四周装点着耕田、葡萄园、牧场和林苑。宫殿的厅堂全都镶着黄金、宝石和珠贝，正厅呈圆形，能像天空一样昼夜旋转。餐厅装有可旋转的象牙天花板，并设有孔隙以方便举行宴会时从上面洒下鲜花与香水。海水和矿泉水在浴池中奔涌不息。”据说宫殿完工时，尼禄曾经赞叹道：“我终于开始像人一样地生活了！”值得注意的是，在新皇宫正门外竖起的巨像，就是他本人扮成的太阳神模样。这座巨像模仿了世界七大奇景之一的罗德岛巨像，高度比后者还要高出好几米。

从纯建筑学的角度来看，“八角大厅”展现了当时的建筑水平。八角大厅是现存宫室东半部分的主体建筑，罕见的八边形柱体上覆以一个直径 14.7 米的混凝土穹顶，为了采光，穹顶中央开有一个洞孔，阳光从圆孔倾泻而下，随着时间变化在室内移动，这可以用来解释“能像天空一样昼夜旋转”的大厅的原因，而绝非真正意义上

金宫规模之大令人惊讶，就在这个大竞技场之下，掩埋了尼禄的大花园，它的四周还装点着耕田、葡萄园、牧场和林苑。

哲学家塞涅卡因加入了刺杀尼禄的集团，被尼禄勒令自杀。

的旋转大厅。从内部空间设计到混凝土材料的运用，八角大厅都跟半个世纪后哈德良皇帝在罗马建造的万神殿十分相似，这可能也为万神殿的设计提供了一个样板。

至于八角大厅的真实用途，学者们猜测可能是一个用来聚会的宴会厅。根据记载，尼禄从孩童时期就开始学唱歌，大厅落成之后，他还曾亲自登台表演，而且一唱就是好几天。在演出期间还发生了地震，尼禄竟然毫不惊慌，直到把一首曲子唱完后才离开。

金宫落成不到一年，罗马帝国境内已是危机四伏。尼禄放荡的行为和无止境的挥霍，耗尽了国库的收入，士兵的薪饷被停发，所以战斗力也下降了。为了扭转这种局面，尼禄只能再增加赋税，并继续没收贵族的财产。这些措施引起了各阶层的不满。尤其是罗马贵族阶级，他们开始团结起来，甚至组成以卡尔普尔尼乌斯·皮索为首的刺杀集团。元老院的元老、骑士、军队统帅、诗人和哲学家等 40 余人也先后加入了刺杀集团，其中包括禁卫军第二长官费尼乌斯·卢福斯、诗人安奈乌斯·卢库鲁斯、哲学家塞涅卡等人。但是当计划曝光之后，集团中有 18 人被处死，皮索、卢库鲁斯、塞涅卡被勒令自杀。虽然谋杀计划失败，但也确实动摇了尼禄的势力。

公元 68 年，尼禄派往高卢的副将尤利乌斯·文德克斯决定讨伐尼禄，他宣布，起义的唯一目的就是从暴君手中把罗马解救出来。远在北非和西班牙的大军先后暴动，各路大军开始向罗马挺进，地方官员纷纷宣布背叛尼禄。在这种情况下，罗马元老院废除了尼禄的王位，并推举加尔巴为皇帝。这时，众叛亲离的尼禄要求宫廷卫兵帮助他逃走，却遭到拒绝。无奈之下，尼禄在半夜穿了一件斗篷，带着 4 个忠实的仆人骑马逃到罗马郊外一名家奴的房子中躲藏起来。

元老院在尼禄逃跑后宣布通缉他，并在抓到尼禄后要以严法来处决这位暴君——先剥掉他的衣服，用木枷夹住他的脖子，再由行刑官挥动荆条抽打他到咽气为止。或许是出于帝王的尊严，又或者是出于对此酷刑的恐惧，尼禄最后选择了自杀。那天，他让奴仆为他挖了一个土坑，不停地说着“世界将失去一位多么出色的艺术家”之类的话，然后拿着匕首在自己的喉咙处比划，但就是不敢下手。当追兵闯入村庄时，他把匕首放在奴隶手中，然后抓住奴隶的手把匕首使劲刺向自己，最终结束了自己的生命。那座金碧辉煌的金宫则将面临被毁坏，甚至被彻底从历史上抹掉的悲惨结局，然而这整个过程，总共花费了继任者们 40 年的时间。

金宫上方的罗马大竞技场

尼禄的死亡使罗马帝国更加混乱，由于他没有后代，因此出现了群雄混战的局面，大约一年之后，韦帕芗才真正成为罗马的皇帝。他填平了金宫中辽阔的人工湖，并在上方兴建起一座大型竞技场。整个工程耗时 8 年，直到他的儿子提图斯（Titus）当政时，才终告完工。由于修建大竞技场的两位皇帝以及后来完成竞技场最后一层建筑的皇帝图密善（Domitian），都属于弗拉维王朝时期，因此，大竞技场又被称为“弗拉维露天剧场”。

公元 69 年，韦帕芗成了罗马帝国的皇帝。在他的统治下，罗马一度出现和平的景象。

在古罗马历史上，角斗的历史非常悠久。最初，角斗是意大利半岛西北部伊特鲁里亚人的一种民间习俗。在伊特鲁里亚人看来，角斗是对死者最好的悼念，他们经常驱使奴隶在族人殡葬时进行流血争斗。起初，角斗只是人与人之间的拳打脚踢，后来发展到人与狮、虎等猛兽的搏斗，甚至演变成为让两个人手持利刃相互厮杀的情况。由于这种杀

公元前 264 年，罗马历史上第一次角斗表演在伯瑞姆小镇举行，当时只有三对角斗士参加。图为伯瑞姆小镇的复原图。

戮游戏符合罗马贵族们残忍好战的兴趣，因此传入罗马之后，很快就风行起来，成为罗马文化的一部分。

大约在公元前 264 年，罗马举行了第一次角斗竞技。当时只有三对角斗士参加，后来，角斗规模越来越大，参加角斗的奴隶数量也大幅增加。罗马城内不少达官显贵的家中，专门养着一批角斗士，无论是款待宾客，还是嫁娶送终，总少不了角斗表演，而拥有众多的角斗士，往往成为贵族们炫耀财富的一部分。古罗马时期的国家执政官、帝国皇帝以及所有罗马公民，在经过批准之后，都可以举办竞技表演。

大竞技场为正圆形，占地面积为 2 万平方米，大直径为 188 米，小直径为 156 米，围墙高 57 米，均用淡黄色的大理石砌成，可以容纳 87000 名观众。围墙共分四层，第一层、第二层和第三层均有半露的圆柱装饰。第一层的圆柱为粗犷质朴的多古斯式，第二层的圆柱为优美雅致的爱奥尼亚式，第三层的圆柱为雕饰华丽的柯林斯式。每两根半露圆柱之间为一座长方形的拱门，前三层共有 80 个拱门。第四层的外层表面装饰较为简单，由长方形窗户和长方形半露方柱构成。在该层的三分之二的高处，设有等距离的支架，以供举行盛会时固定圆顶上方的天篷。据说，在古代，第二层和第三层的每个拱门洞中，都设有一尊大理石人物雕像作为装饰，姿态各异，使建筑显得宏伟、凝重又空灵，充满艺术感。

为了增加刺激性和观赏性，角斗士不能穿盔甲，脊背和胸部都要裸露在外。

大竞技场内为阶梯形看台。根据资料记载，当年竞技场的看台分为三个区域：底层为第一区，是皇室、贵族、骑士阶层的座位；第二层是第二区，是市民席；第三层为第三区，是平民区。第三区上方还有一层，是专为妇女们保留的，其座椅为木制。再往上面为一个较大的平台，可供观众随意站立观看表演。

第一区的第一排是皇帝及其随行人员的专座，以整块大理石雕琢而成。该区的其他座位则为元老院议员、祭司、法官、贵宾以及后来的主教所设。竞技场还专门为观众进出建有四座大型拱门。当然，皇帝进出自有专用通道，位于竞技场东北部第 38 号和 39 号的两个门之间，走道略宽并且带有门框。

大竞技场中央是一个椭圆形的角斗场，长约 86 米，最宽处为 63 米，是斗兽、竞技、赛马、歌舞、阅兵和进行模拟战争的场所。

角斗士来自专门参加角斗的奴隶，他们是被古罗马长期对外战争的军队掳掠而来的。当时，地中海东部的提洛岛，是古罗马最大的奴隶市场，奴隶交易十分猖獗。其中体格健壮的奴隶大多被卖到角斗士学校，要接受专门的训练。

角斗士的表演充满血腥，上场者不能像士兵那样穿着铠甲。通常他们的穿着包括护臂、护腿和皮条编成的头盔和面罩，脊背和胸部要裸露在外面，这样就可以方便被对手刺杀而流血，加强刺激性和观赏性。用于角斗的武器包括矛、三齿叉、短

这幅创作于 1872 年的油画，具体描述了当时角斗场惨烈又热闹的场面。

剑和短刀，以及用于防御的盾。由于部族的不同，武器也有区别，色雷斯人只能持短剑或短刀，用圆盾或方盾护卫，而高卢人、叙利亚人和萨莫奈人只能持三齿叉之类的长武器。此外，比较少见的还有渔网角斗士和绳网角斗士，前者常手持渔网向对手抛撒，一旦套住对手，就可能轻而易举地将其刺死，从而获得最后的胜利；后者则往往是追击角斗士，几十人在场上像捉迷藏似的以刀刃互斗。

每场角斗结束时，都会由观众用手势来决定角斗士的胜负和命运。如果大拇指朝上，被击败的角斗士可以暂时保住性命；相反，如果大拇指朝下，失败者就要遭到对手的最后致命一击。场上有专门的人员负责检查角斗士的生死，通常用烧红的铁锥猛刺死者，以确定其生死。如果两者实力相当，角斗还要延续下去，直到分出胜负为止。获胜的角斗士，会戴着棕榈树枝，绕场一周。当然，表现勇猛顽强的角斗士，还可以得到释放或赏赐，幸运者甚至可以进角斗士学校担任剑术教练。

参加斗兽表演的角斗士和野兽，必须经过专门的训练，以提高观赏性。这些野兽大多来自罗马在非洲的行省阿非利加。第一次斗兽表演是在公元前 186 年举行的，当时有两名角斗士不幸惨死在狮豹的利爪之下。

尼禄后世的罗马皇帝们，不但在金宫之上修建了大竞技场，还将高大的尼禄巨像移到大竞技场旁。后来，罗马人开始用“巨像”（Colossus，意思是庞然大物）来代称大竞技场，可见尼禄当时的影响力。6 世纪之后，巨像神秘消失了，但“巨像”的名称却被一直保留下来。在现代意大利语中，罗马大竞技场仍被喜欢怀旧的罗马人称为 Colosseo。

历经 2000 多年的风雨侵蚀的大竞技场，由于多次遭到自然与人为的破坏，角斗士的舞台和观众座席早已毁坏。但其雄伟壮观的气势成为古罗马帝国永恒的象征，也是古罗马建筑中卓越的代表。大竞技场下的人工湖，虽然不能像大竞技场一样清晰地留在人们的眼中，却同样有着湮灭下的辉煌。

废墟下的洞穴画

罗马的后世帝王们对尼禄的怨气似乎总是有增无减，提图斯和图拉真（Trajan）两位皇帝以金宫的残余部分为地基，建了一座公共浴场，金宫因此彻底消失了。千年之后，露天大浴场成为废墟，而压在下面的尼禄的“金宫”，竟然因为一个意外，而重新引起了人们的注意。

1480 年左右，几个发掘者开始挖掘俄比安丘，结果找到了当时他们以为是提图斯浴场的遗迹。一名工人跌进崩塌的地面，摔在一堆瓦砾上，结果发现自己仰望着的是布满华丽壁画的天花板。这个消息传遍了意大利。文艺复兴时期的伟大艺术家米开朗琪罗、拉斐尔、平图里乔、乔凡尼·达·乌迪内都曾爬下这个洞口进行研究，后来拉斐尔还在皇宫和梵蒂冈等地复制了这些装饰壁画。由于金宫当时的状态宛如一座洞穴，因此这些壁画就被后人取名为“穴怪图像”。

之后的挖掘工作让人们越来越惊奇，长长的柱廊，眺望着一大片公园和人造湖的旧址。在覆盖着墙壁和拱顶天花板上，有着微量黄金以及从埃及和中东开采过来

罗马竞技场。

的大理石碎片。还有一个有圆顶的宏伟八角形房间，建造时间比哈德良皇帝那座赫赫有名的万神殿的完成时间早了足足 60 年。

如今，由于部分天花板在 2010 年已崩塌，金宫已不再对外开放。直到今天，工作人员每天都在进行修复壁画、填补裂缝的工作。金宫的修复工程原本由一位名叫路奇雅诺・马奇提的罗马建筑师监督，他直到不久前才退休。有一天早上，马奇提站在皇宫东端的八角厅内，由于位于地下，现场寒冷又黑暗。他拿着手电筒，凝视着八边形的拱顶天花板。八边形的每个边长是 15 米，而由于天花板是由相邻房间内的拱形构造从外侧支撑，因此看似没有支柱般飘浮在空中。他说："我看了好感动。"他指着门廊上自我支撑的平拱，"这是之前从未出现过的先进建筑工法。万神殿当然很了不起，但它的圆顶坐落在一个圆柱上，是他们一砖一砖盖上去的。而这个圆顶的支撑结构，你根本看不到任何支撑点。"最后他叹了一口气，说了一句拉丁文："Damnatio memoriae（从记忆中被抹去）。"这句话仿佛在感叹这座皇宫和它主人的命运。

“洞穴画派”
——意外发现的遗址

公元 64 年，古罗马城爆发了连烧九日的大火，焚毁了大半个罗马城。大火过后，罗马皇帝暴君尼禄乘机强占土地，在废墟上建造了一座庞大的宫殿，由于宫殿使用了大量黄金作为装饰，故称为“金宫”。金宫的规模庞大得惊人，以至于当时的罗马人都开玩笑说，整个罗马都被圈进了宫殿内。除了规模巨大外，金宫还有一个特点，那就是它的壁画风格非常奇异、怪诞。据普林尼的《博物志》中记载，金宫的壁画由一名叫作法布勒斯（Fabullus）的艺术家完成。

尼禄死了之后，金宫被彻底废弃，历任皇帝在此基础上修建了著名的大竞技场和提图斯浴场。于是金宫逐渐被埋没至地下。到了 15 世纪末的文艺复兴期间，罗马人意外发现了金宫遗址，才使它重见天日。金宫内风格怪异的壁画吸引了大量艺术家前来观摩学习，包括米开朗琪罗和拉斐尔，都曾来此潜心研究，将其精髓体现在自己的艺术作品中。大量画家从金宫壁画中得到灵感，从此开创了一个著名的艺术流派——“洞穴画派”（grotesque）。

希腊时期的雕塑典范《拉奥孔》

1506 年，在金宫遗址所挖掘出的一组雕像——《拉奥孔》，最为有名。画面上两个孩子和父亲被一条蛇缠死，形态生动而逼真。这组雕像后来被教皇尤利乌斯二世占为己有，放置于梵蒂冈的观景殿中。1515 年，法国国王法兰西斯一世在马里尼亚诺战役获胜之后，想把《拉奥孔》当作战利品带回法国，却遭到了当时的教皇利奥十世的拒绝。为了以防万一，利奥十世秘密将原雕像制作了复制品。

1515 年，法国国王法兰西斯一世在马里尼亚诺战役获胜后，企图将《拉奥孔》据为己有，却遭到了当时的教皇利奥十世的拒绝。

艺术家们陆续对金宫内的壁画进行研究，并且获得了许多艺术灵感，成为启发文艺复兴运动的一部分。由于引发了艺术创新的热潮，“山洞”四壁中流畅的线条和光彩夺目的色彩被大胆地复制，成为王公贵族的府邸和别墅的主流装饰。

拉斐尔在为教皇尤里利斯二世设计走廊壁画时，曾提供了好几种方案，均未打动见多识广的教皇。当拉斐尔几乎原封不动地把“山洞”图案复制给他时，教皇立即接受了他的新方案。尤利乌斯二世委任米开朗琪罗在西斯廷礼拜堂屋顶的绘画作品也吸收了“山洞”中的创作元素。拉斐尔在洞壁上留下了自己的大名，后世的旅行家也纷纷效仿，在壁画旁签名留念，其中最特别的还有 18 世纪欧洲有名的“采花大盗”卡萨诺瓦的签名。

当图拉真皇帝将浴场建于金宫之上时，无意中扮演了金宫壁画保护者的角色。为了巩固地基，图拉真的工匠们在金宫内部加筑了若干平行的护墙，把宫室空间切割成许多单位，并填入砂土，因而间接达到隔绝空气、水气，阻止壁画颜料变质的作用。虽然地面上的浴场化为废墟，而地基内的金宫却被完好地保存了下来。

罗马帝国的“贤君”图拉真。

没有什么事物是永恒的，令人遗憾的是，大浴场虽然无意间保护了壁画，但是自从金宫出土后500年以来，随着观光客的增加，改变了洞穴中的温度，再加上微生物的化学作用，加快了颜料质变、褪色的速度，现在的人们已经无法像米开朗琪罗或拉斐尔那样幸运，可以看到壁画的原貌了。

1506年挖掘出的《拉奥孔》，呈现的是一位父亲和两个孩子被一条蛇缠死的景象。这幅作品被艺术家们当作是古代艺术的杰作，并加以临摹。

《拉奥孔》

——拉奥孔识破木马屠城计，却被雅典娜用蟒蛇活活勒死。

特洛伊战争打了10年，两军对垒各不相让。僵局下，希腊接受了巫师卡尔卡斯的预言，制造了一只巨大的木马，里面藏着希腊的精兵，并放在特洛伊城外，准备等木马被拉进特洛伊城之后，出其不意地攻破特洛伊城，抢救出皇后海伦，以结束战争。

希腊方面派出一个名叫赛农的武士，伪装成受希腊迫害的人，藏在木马下，让特洛伊士兵掳去。赛农在特洛伊国王面前撒谎说，木马是希腊方面赔给特洛伊城的礼物，这个诡计被特洛伊城祭司拉奥孔识破。

当木马在海滨要往特洛伊城里运送的时候，拉奥孔大力劝阻特洛伊国王千万不能接受这匹木马，否则难逃亡国之祸，却不被特洛伊国王接受。再加上雅典娜既是希腊的保护神，又因特洛伊王子帕里斯把金苹果判给了爱芙罗黛蒂，特洛伊人失去了雅典娜的欢心，因此，拉奥孔想要戳穿这个诡计，完全违背了雅典娜的意志。于是，雅典娜就派出两条巨蛇，将拉奥孔父子三人活活缠死。

拉奥孔想要戳穿希腊的木马屠城计，却反而遭到雅典娜的毒手，父子三人惨遭两条巨蛇活活缠死。1506年，《拉奥孔》这组雕像在金宫遗址被发现，它被认为是希腊化时期最重要的雕塑，在欧洲艺术史上占有重要的典范地位。

《拉奥孔》这组雕像刻画了拉奥孔父子三人被蟒蛇死死缠住、正在奋力挣扎的刹那。根据资料，这组雕像是公元前50年左右，由希腊罗德岛上的三个大雕塑家阿格桑德罗斯、波利佐罗斯和阿典诺多罗斯的集体创作。

发现这组大理石雕像时，正值意

大利文艺复兴的初盛期，它便立刻引起艺术家们的普遍重视。直到现在，《拉奥孔》群像依然被认为是希腊化时期最重要的雕塑，这个雕塑在欧洲艺术史上占有重要的典范地位。德国古典美学家莱辛，根据这座雕塑写了一篇题为《拉奥孔》的美学论文，详尽研究了拉奥孔群像，并由此探讨了绘画与诗的美学关系，为欧洲美学史上的重要著作之一。

关于金宫的历史大事

年代	关于金宫	历史大事记	文化与社会
公元 37 年	尼禄诞生在罗马附近繁华的海滨城市安齐奥的一个贵族家庭。	匈奴侵扰汉朝边境，光武帝刘秀派归德侯刘飒出使匈奴。	/
公元 64 年	7 月，大火焚烧罗马城，连烧了 9 日之久。	圣彼得在罗马被尼禄杀害。圣彼得殉教后被世人尊为首任教皇。 印度贵霜王朝正式建立，该王朝正式为佛陀立像。	班固受诏撰写《汉书》。
公元 68 年	金宫建成。尼禄自杀身亡，时年 32 岁。	汉明帝于洛阳首建佛寺——白马寺。 尼禄派往高卢的副将文德克斯决定起义讨伐尼禄。	在安徽巢湖（今合肥市东南）发现黄金。
公元 69 年	韦帕芗成为罗马的皇帝。他填平了金宫中辽阔的人工湖，在其上方兴建一座大型竞技场，耗时 8 年。	公元 70 年，罗马攻陷耶路撒冷，焚毁犹太圣殿，并驱逐犹太人。	改造金宫的计划持续了 40 年之久，除了竞技场之外，还在旧址上修建了提图斯浴场。
公元 104 年	图拉真皇帝在建造著名的提图斯公共浴场时，重新利用了金宫的墙壁和拱顶，作为浴场的地基。而在接下来的 1400 年里，没有人再想起过这座被埋藏的宫殿。	基督教音乐在中亚兴起。	次年，东汉蔡伦发明造纸术。
公元 1500 年	有一个罗马人，发现了金宫遗址的一部分。	葡萄牙船队到巴西，将巴西纳为殖民地。	金宫遗址的壁画吸引了当时许多顶尖的艺术家前来观赏，包括米开朗琪罗和拉斐尔。 德国亨莱因发明钟表发条。

（续表）

年代	关于金宫	历史大事记	文化与社会
公元1506年	金宫遗址挖掘出《拉奥孔》雕像，后来被教皇尤利乌斯二世放置于梵蒂冈的观景殿中。	前一年，西班牙征服那不勒斯。	公元1506～1626年，罗马建成圣彼得大教堂，成为世界最大的天主教堂。

密林深处的小磨坊

15世纪，维也纳西南地区人迹罕至，经常有野兽出没，因此很多传说开始传颂。这些故事激起了一个名叫迪特·茨维科尔的男子的好奇心。迪特相貌英俊、霸气十足，他决定独自收拾行囊，深入密林去探个究竟。迪特在林中遇见了一名女子，后来两人结为连理，开始了新的生活。迪特在林中开设了一座小磨坊，闲暇之余，小磨坊成了林中人们休憩与聚会的场所。

1612年马蒂亚斯皇帝在一次狩猎的时候，意外地在一片隐林之中发现了一股甘甜的泉水，"美泉宫"因此而得名。

随着岁月的流逝，大约在1548年，小磨房附近成了维也纳市长赫尔曼·拜尔的私人土地，他把这里扩展成了一个大庄园。1569年，哈布斯堡家族的马克西米连二世占有了此地，并根据需求建造了房子、庭园和马厩。由于马克西米连二世是一个"狩猎狂"，为了满足自己的"雅趣"，他竟在此兴建了一个动物园，饲养各种珍禽异兽，这个地区因此变得热闹起来。

1612年，奥皇马蒂亚斯在一次狩猎中因干渴难耐，就命令侍从四下找水喝。意外地在一片隐林中发现一股甘甜的泉水，奥皇对这个救命的甘之若饴的泉水非常感激，后来在此兴建起来的"美泉宫"便因此而得名。

1683年，利奥波德一世（Leopold I）在土耳其取得辉煌的胜利后，决定在此修建一座

从这张 15 世纪末的维也纳图画中，可能很难感受到当时维也纳西南地区人迹罕至的情景。

庞大的宫殿，经宫中大臣的推荐，远在罗马的建筑师费舍尔·冯·艾尔拉赫被任命为皇家设计师，负责宫殿的建设。两年之后，艾尔拉赫上交新宫殿的设计草稿，赢得了国王的赞许，同时也使他的声名远播，成为皇亲国戚们的“座上宾”。

宫殿的设计草图经过不断充实和完善，直到 1693 年才得到利奥波德一世的批准，3 年后各项工作准备妥当，大规模的修建工作才正式展开。按照计划，这座庞大的建筑群兴建在全市的制高点上，可以俯瞰整座城市。

尽管艾尔拉赫对美泉宫倾注了他天才般的想象力和卓越的设计才能，但由于受到财力的限制，他的设计并没有得以完全实现。1711 年，美泉宫经过陆陆续续地修整之后终于落成，彰显出哈布斯堡家族的王室气派。不过，美泉宫真正的黄金建设时期是在玛丽亚·特利莎（Maria Theresia，1717～1780）女皇当政的时期。

媲美凡尔赛宫

法国凡尔赛宫是以富丽堂皇和宏伟壮观著称的，而美泉宫在建造之初也模仿了凡尔赛宫的风格，不过在美泉宫独特的历史渊源里，却掺杂了家族政治的背景，加上所处的地理环境不同，美泉宫的文化地位也更具有独特的风貌。

王族统治是奥地利历史的特点。12 世纪中叶，奥地利在巴本贝格王族统治时期，成了独立的国家。

1278 年，奥地利开始哈布斯堡王朝统治时期，时间长达 600 多年，美泉宫因此成了哈布斯堡家族荣辱史的见证。

为了不使哈布斯堡王朝的大权旁落，没有男嗣的奥皇查理六世（Charles VI）颁布了《国事诏书》，明文规定女性也可以继承王位，从而确保后继有人。查理六世去世之后，他年仅 23 岁的长女玛丽亚·特利莎继承王位。

玛丽亚·特利莎于 1717 年出生于霍夫堡宫。9 岁时，她认识了洛林王朝派往维也纳宫廷学习的王储弗朗茨一世（Franz I，1708～1765），两人后来结为夫妇。女皇登基之后，她的丈夫也于 1745 年当选为德意志神圣罗马帝国皇帝，于是，她随之成为神圣罗马帝国的皇后。

登基后的特利莎女皇，面临着内忧外患，不仅朝中内外对这位年轻的姑娘充满怀疑，而企图瓜分帝国大片领地的法国、普鲁士、巴伐利亚、萨克森、西班牙等国，也拒绝承认她的继承权，伺机进攻奥地利。

1740 年，普鲁士国王腓特烈二世（Friedrich II,der Grosse, 1712～1786）首先发

1683 年，利奥波德一世在土耳其取得辉煌胜利之后，决定修建一座可以俯瞰整个城市的皇家宫殿。

查理六世去世后，他的长女，年仅 23 岁的玛丽亚·特利莎继承王位。

难，出兵进攻奥地利的西里西亚地区，点燃了全面欧洲战争的导火线。奥地利联合英、俄、荷兰等国共同对付普、法等国组织的反奥同盟。8 年后，僵持不下的交战各国签署了妥协退让的《第二亚琛和约》。和约规定：玛丽亚·特利莎的皇位应该得到各国确认；奥地利将西里西亚割让给普鲁士，帕尔马割让给西班牙，伦巴底割让给撒丁王国，其余帝国领土维持原状。

虽然特利莎女皇在西里西亚战争中未能击败宿敌普鲁士，但是通过割让领土成功地保住王位，正如她所说的："宁要中庸的和平，不要辉煌的战争。"此后，她大力推行促进商贸交流、普及教育的政策，使奥地利的社会经济和文化得到快速发展。正是在这一时代背景下，美泉宫迎来了黄金建设时期。

1743 年，女皇决定耗费巨资，按照法国巴黎凡尔赛宫的样式，大规模地扩建美泉宫。她授命尼古拉斯·帕凯西负责，将美泉宫建成奥地利洛可可建筑风格的完美代表。美泉宫内共有 1200 多个房间，天花板和墙壁上的巨幅绘画，生动地描绘着许多神话故事和古代战争的场面，人物栩栩如生。房间内部都配有精美考究的家具、华丽吊灯和色彩调和的各种摆设，角隅处有 2 米高镂金的饰银和造型优美的巨型花瓶。

值得称奇的是，宫殿的二楼有一个呈圆形的镶嵌紫檀、黑檀的"中国室"。因为陈列有中国的蓝色瓷器——青花瓷，故有"蓝色沙龙"之称。内部装饰是典型的东方风格，四壁和天花板上镶嵌着陶制品与瓷器。在琳琅满目的陶瓷器摆设中，有明朝万历年间的彩瓷大盘和各式的精致花瓶等。由于结构上的设计，"蓝色沙龙"的

因王位继承问题而爆发的战争，沉重地打击了奥地利的经济，对于刚刚继位的特利莎女皇来说，这无疑是个巨大的考验。

《第二亚琛和约》的签署，结束了持续 8 年的“王位继承战争”，特利莎女皇成功保住了王位，开始着力恢复经济秩序。图中为人们听到和平条约签署后欢庆的场面。

庄重、典雅的美泉宫，得到了特利莎女皇的万般宠爱。

保密性极强，只要把门一关，房间里人们的交谈声，即使用耳朵贴紧门缝也听不见，非常独特，所以女皇和她的帝国首相考尼茨，经常在这里举行会谈或召开重要会议。

美泉宫中的“百万盾室”是王室奢华的象征。据说，为了修建这个房间，总共花费了 100 万盾，故得此名。房间的墙壁是以贵重的玫瑰木制成，并刷了一层纯金。宫殿正面的广场两侧是两排整齐划一的房屋。宫殿后方有一个大花园，花园格局优雅。精雕细琢的花坛和草坪，点缀在碎石子所铺成的地上。高大的树木，被剪成一面绿墙，整齐地排列在道路旁。绿墙后面陈列着 44 座古希腊神话故事中的人物，充满着浓厚的历史和人文色彩。海神喷泉位于花园的尽头，水池的中央是一组根据希腊神话所雕琢的塑像，喷泉的西侧可能是世界上最古老的动物园。女皇一生共有 16 名子女，可以想象，和孩子们一起欣赏来自世界各地的奇鸟异兽，享受生活的快乐，是作为母亲最幸福的事情。

特利莎非常喜欢诗歌、音乐和舞蹈，并且大力宣扬文化艺术，开创奥地利的文艺黄金时期。著名的作曲家莫扎特 6 岁时，曾与父亲来到美泉宫为女皇演出。演出结束后，身为人母的女皇抱起可爱的“音乐神童”吻了又吻，这富有人情味的举动一时传为佳话。

1780 年，这位毕生奉行“中庸的和平”的特利莎女皇与世长辞。在她的外交理念下，奥地利保持了世界大国的地位。她的执政风格似乎也镌刻在陪伴她 40 年的美泉宫上，默默宣扬着女皇的平实。虽然，在规模上美泉宫无法与凡尔赛宫相提并论，但就环境优美和清新雅致而言，美泉宫似乎更显魅力。

照片上的莫扎特的“装束”就是特利莎女皇赠给他的礼物。

短命的“罗马王”

随着特利莎女皇的离世，美泉宫的平静与祥和也随之消逝。

18 世纪末到 19 世纪初，法国大革命的浪潮冲击着欧洲其他各国，拿破仑（Napoléon，1769～1821）成了欧洲革命的先驱。当他把战争的矛头对准古老的奥地利帝国的时候，美泉宫也只能默默迎接这位远道而来的客人。

1805 年，拿破仑率军攻占了奥匈帝国首都维也纳。有趣的是，拿破仑将指挥部设在风景优美的美泉宫，并在此度过了 8 周的美好时光。拿破仑在著名的奥斯特里茨战役中，打败普奥联军之后，迫使奥地利签署《普莱斯堡和约》。奥皇弗朗茨二世被迫摘下了德意志民族神圣罗马帝国皇帝的皇冠，从此，长期有名无实的德意志神圣罗马帝国宣告解体，弗朗茨二世本人也只能专心当奥地利的国王。

4 年后，拿破仑春风得意地再次来到美泉宫。为了震慑奥地利人民，以提高自己的威望，拿破仑特意选择在美泉宫中举行盛大的阅兵仪式。法军荷枪实弹，威风凛凛地列队欢迎。气宇轩昂的拿破仑，正步迈入大厅，骄傲地看着这支跟随自己出生入死的军队。

乌尔姆一战，25000 名奥兵和 65 门大炮均落入法军之手。图为法军移动时的情景。

图为春风得意、气宇轩昂的拿破仑从美泉宫前策马而过的情景。

这时，一个来自德国图林根的貌不惊人的青年进入宫中。他叫施塔普斯，是一个牧师的儿子。由于他的家乡被法军占领并惨遭蹂躏，因此，他对拿破仑恨之入骨，企图伺机行刺。施塔普斯神情自若，请求觐见拿破仑。卫兵对他进行例行的搜查，结果发现了一把长刀，他随即被带到拿破仑的面前接受审问。拿破仑做梦也没有想到，世界上竟然会有人想刺杀他，他大声地问道：

“你为何想要杀我？”

“因为你是我国的祸根。”

“看你像个男人，我想要恕你无罪。”

“我不需要强盗的宽恕。”

拿破仑从没受过如此侮辱，气得发抖，随即下令将施塔普斯斩首。施塔普斯的举动像闪电一般划破美泉宫上空的乌云，撼动了欧洲大陆，间接鼓舞了欧洲人民反抗外来入侵、争取民族独立的士气。受此打击的拿破仑匆匆结束了阅兵仪式，迫使奥皇弗朗茨二世签署了丧权辱国的《美泉宫和约》。为了缓和与法国之间的关系，维系自己的统治，弗朗茨二世委屈地将自己的女儿玛丽亚·露易丝（Marie·Louise，1791～1847）嫁给了拿破仑。

1810 年 3 月 11 日，在维也纳一座教堂里，贝尔蒂埃代替拿破仑完成了与露易丝公主的订婚仪式。随后，这位 18 岁的公主和 83 辆马车组成的车队，浩浩荡荡地驶向法国。一本关于她的传记记载：这位公主从奥国边境进入法国时，在边界两端搭起连串的帐篷，互相串贯。她从奥国那

1805 年，奥皇弗朗茨二世被迫摘下皇冠，宣布解散神圣罗马帝国。从此以后，他只得一心一意地做奥地利的国王。

弗朗茨二世为了缓和与法国的关系，将风华正茂、婀娜娇艳的玛丽亚·露易丝公主许配给拿破仑，但在拿破仑看来，露易丝公主只不过是一件“政治商品”。

婚后不久，露易丝为拿破仑生下了一个活泼可爱的男婴。拿破仑高兴万分，封小王子为“罗马王”。

边开始，每走入一个帐篷，就脱去一层衣服。到奥法边界的那个帐篷时，正好只剩一件晨缕遮身。然后，在她进入法国境内时，褪去晨缕，每过一个帐篷，再穿上一层衣服，到最后穿得整整齐齐出现时，身上没有一丝片缕是奥国的物品。这虽然是繁文缛节，却象征她从此变成法国的皇后，斩断了与奥国的关系。一个月后，她与拿破仑在卢浮宫大画廊内举行了隆重的宗教婚礼。

风华正茂、婀娜娇艳的露易丝皇后一头棕发，湛蓝色的眼睛里有着蓝宝石般的光彩，充满着青春的活力。她对拿破仑百依百顺，十分温柔体贴。拿破仑与这位新皇后发展了意料之外的恋情。婚后不久，露易丝便生下一个活泼可爱的男婴，拿破仑一遍又一遍地亲吻着儿子，非常开心，仿佛他一手创建的法兰西帝国会因此永远辉煌一般。不久之后，小王子被拿破仑封为“罗马王”。

1814 年 3 月，欧洲联军攻占巴黎后，预示着拿破仑末日的到来，他和露易丝的政治婚姻也随着战争的失败而变得疏远和冷淡。面对心灰意冷的拿破仑，露易丝只好带着年仅 3 岁的儿子，怀着痛苦的心情离开巴黎回到娘家——维也纳，住进了美泉宫。

清静的美泉宫成了小拿破仑和王子、公主们快乐的天堂，他们一起玩耍，一起学习。为了激励儿子能够积极、健康地成长，露易丝经常讲述拿破仑的故事给他听。随着年龄的增长、知识的积累和母亲的教导，促使小拿破仑立志研究父亲的思想，企图成就一番事业，但不幸的是，他得了当时不治之症的肺结核。小拿破仑在 21 岁那年病死在美泉宫，而且就是在他父亲 1809 年住过的那个房间里，这为承载美好理想的美泉宫，留下了难以言喻的遗憾。

舞场里的阴谋

1814 年 9 月至 1815 年 6 月召开的维也纳会议，完全显现美泉宫是政治的产物和政治牺牲品的无奈角色。

当时的战胜国俄、普、奥、英等国的王公贵族、高官显宦纷至沓来，既为战胜法国、打败拿破仑感到高兴，又因恢复欧洲旧秩序而受到鼓舞。虽然出席维也纳会议的代表是除了土耳其以外的几乎所有欧洲国家，但真正操纵这次会议的却是俄、英、奥、普四国。俄国沙皇亚历山大一世、英国外交大臣卡斯尔雷爵士、奥地利首相梅特涅和普鲁士首相哈登贝格，主宰了整个会议的进程。有趣的是大会并没有正式议程，除了讨论《最后决议案》外，从未正式召开过大会。一切重大问题均由四国在幕后决定，甚至许多决定是在梅特涅的书房里进行。

沙皇亚历山大一世似乎不太适应奥地利的气候，每天命人定时送冰块到他房间里。

老谋深算的梅特涅借机说服奥皇让出包括美泉宫在内的一部分皇宫和府邸，供与会各国的大官们寻欢作乐。奥地利为了达到政治上的目的，不惜花费大笔经费，天天设宴，除了美味佳肴，还精心挑选一群经过训练的名媛闺秀，陪同与会贵宾跳舞寻欢，也伺机替梅特涅刺探情报。各国君主们的怪癖也十分有趣：沙皇亚历山大一世每天要让人定时往他房间里送冰块，似乎这位来自寒冷地区的俄国君主，不太适应奥地利的气候；哈登贝格首相由于过度肥胖，无法靠近餐桌，因而要求桌子锯出一个弧形，这样才可以把自己的大肚子放在里面。

但是四大国在宰割欧洲和瓜分殖民地问题上各怀野心，矛盾重重。沙皇亚历山大一世态度蛮横，企图左右欧洲事务。英国则维持势力均衡原则，让欧洲大陆各国互相倾轧，进而保全自己的海外殖民地，维护岛国利益。奥地利力图取得中欧霸权，恢复昔日的帝国霸业。

正当大国争论不休时，拿破仑从厄尔巴岛潜回法国的消息传了回来。会议桌前的代表们才暂时妥协，在 1815 年 6 月 9 日滑铁卢战役的前几天，匆忙成交，维也纳会议草草收场。

通过这次会议，英国取得了地中海的马耳他。法国的海外殖民地划归英国，包括西印度群岛的多巴哥和印度洋上的毛里求斯，英国从而控制了通往东方的战略要地，巩固了海上霸权。另外，英国还从荷兰手里取得南非的开普敦殖民地和亚洲的斯里兰卡，进一步扩展了海外霸权。俄国夺取了波兰十分之九的土地，并继续占有芬兰和罗马尼亚的比萨拉比亚。奥地利取得了波兰的加利西亚，恢复了对意大利北部伦

虽然几乎所有的欧洲国家都有代表出席维也纳会议，但真正操纵这次会议的却是俄、英、奥、普四国。

巴底和威尼斯的统治，并占领了萨尔茨堡、蒂罗尔和达尔马提亚沿岸地区，成立了以奥地利为首的德意志联邦，成了会议的大赢家。普鲁士夺得了波兰的波兹南和格斯克，合并了经济最发达的莱茵区和威斯特伐利亚，取得了萨克森五分之二的领土，以及原属瑞典的波美拉尼亚。

历史上第四次被瓜分的波兰，只剩下克拉科夫及其毗邻地区组成的一个共和国，还被俄、奥、普三国共同“保护”，实际上已名存实亡。德国和意大利继续保持四分五裂的政治局面，这正是英国和俄国沙皇乐意看到的。比利时被强迫并入荷兰，称为尼德兰王国。挪威则被并入瑞典。战败国法国受到制裁，除了损失海外殖民地以外，其领土退回到 1790 年的疆域，同时赔偿 7 亿法郎。

按照“正统主义”原则，欧洲各国封建旧王朝陆续恢复了专制统治。波旁王朝在法国、西班牙和那不勒斯王国复辟，萨伏依王朝在撒丁王国复位，教皇又成为教皇国的首脑，德意志的王公们重新登场，奥伦治王朝再次统治尼德兰。欧洲政治舞台上腐朽落后的封建统治阶级采用高压手段，逆历史潮流而行，再次走上历史的前

这是当年用来作为舞厅的房间，见证了梅特涅导演的肮脏交易。

1848 年，席卷欧洲的革命动摇了欧洲封建的统治基础。

台，只不过这次扮演的是“丑角”，终究被历史前进的车轮碾碎。

美泉宫那华丽、宽阔的舞厅，直至今日，仍见证着当时为梅特涅所导演的维也纳会议。

奢华背后的秘密

1848 年的欧洲革命，严重打击了奥地利的专制统治，梅特涅只身出逃，据说他躲在一个洗衣篮内，逃往英国。哈布斯堡家族紧急推举出年仅 18 岁的弗朗茨・约瑟夫（Franz Joseph，1830～1916）出任皇帝，即弗朗茨・约瑟夫一世。约瑟夫一世出生于美泉宫，登基以后便对美泉宫进行了重新装修，但是无论他花了多少心思用在对宫殿的装修上，似乎都不能改变这位皇帝隐士的命运。约瑟夫 68 年的统治生涯，是一个强大帝国漫长衰落且痛苦的过程。除了伴随着交错的家族矛盾之外，他还面临着意大利半岛的统一和普鲁士崛起的威胁。

约瑟夫一世在 1853 年迎娶巴伐利亚公主伊丽莎白（Elizabeth，1837～1898，又

图为弗朗茨・约瑟夫的加冕现场。身着传统服饰的贵族们为国王的婚姻欢呼祝贺，没想到这只是这个家庭一系列悲剧的开始。

图为鲁道夫的情妇玛丽·费采拉（右）和好友（此人也是玛丽和鲁道夫的牵线人）合影。

图为弗朗茨·约瑟夫。

称茜茜公主）之前，就曾对美泉宫进行过大规模的整修，以迎接新娘子的到来。尤其是未来皇后的居室被装修一新，同时增加了房间的数量。伊丽莎白和约瑟夫的卧室被安排在二楼，床边设有一个考究的盥洗台、更衣室和供伊丽莎白学习的阁楼，后来还设置了一个旋转式的楼梯，可以直接进入到一楼下面的房间。在会客室墙壁上，至今还挂着伊丽莎白特别喜爱的镶有丁香图案的丝绸和装饰品。但是特利莎女皇时期的天花板装饰，白色和金色的木格以及绘制在帆布上的风景画，大都被保留下来，可见当时的制作相当有水平。

婚后的伊丽莎白和婆婆的关系非常紧张。由于伊丽莎白不太习惯宫中的生活，而被婆婆视为“缺乏教养”。约瑟夫一世夹在中间无计可施，不得不承受婆媳不和的矛盾。更令他困扰的是，他与伊丽莎白的独生子鲁道夫（Rudolf，1858～1889）身体虚弱，并与他政见不和，难以担当大任。1889 年，在父亲眼里毫无出息的鲁道夫和情人玛丽·费采拉的自杀，让这位郁郁寡欢的奥皇悲痛不已。

意大利半岛诸邦的反抗斗争，是对刚上任的约瑟夫一世的第一个挑战。虽然，各邦独立的斗争最终被镇压下去，但是却拉开了半岛统一的序幕。1858 年，意大利半岛的撒丁王国和法国签署密约，联合抗击奥地利，6 月 24 日，约瑟夫率领主力军与法、萨联军决战，意大利各邦相继起义，约瑟夫分身乏术，被联军击溃。1866 年，普鲁士与意大利结盟后，从两线对奥地利作战，取得了战争的胜利，迫使奥地利签订了《布拉格条约》。

普鲁士如愿获得德意志领导权，奥地利则完全退出旧的德意志联邦，并且割让威尼斯给意大利。这次战争使约瑟夫一世颜面尽失，曾经的帝国风采一去不复返。

丧失国土的痛苦也延续到了他的家庭生活。1898 年 9 月，他心爱的妻子伊丽莎白在瑞士旅游时，在街头被一名意大利男子刺杀身亡。年迈孤单的约瑟夫一世感受到生命的寂寞和凄凉，成为美泉宫里形单影只的隐士。1916 年，86 岁的约瑟夫一世未能看到第一次世界大战的结局，就离开了人世。他的侄子卡尔继位后，由于连年

1900 年的宫廷舞会照旧在美泉宫举行，贵族妇女们竞相向弗朗茨·约瑟夫致敬，但没有谁能弥补约瑟夫一世那份难以解读的感情空缺。

美泉宫的宴会厅。特利莎女王经常在此宴请各国政要。

1914 年冬，在群众的欢呼和乐队的伴奏下，奥地利军团开赴前线，最终导致了哈布斯堡帝国的结束。

美泉宫一景。

的战争，国内经济陷于崩溃，帝国内部各民族与各阶级之间的矛盾明朗化，也逐渐走向大帝国的衰亡之路。

2年后，帝国内德语区居民的代表集会，宣告成立“独立的德意志奥地利国家临时国民议会”，让奥地利处于风雨飘摇之中。内忧外患的卡尔皇帝为了自保，指示外交大臣安德拉解除与德国缔结的盟约，脱离战争，但却为时已晚。10月27日，卡尔皇帝照会协约国，明确表示愿意单独谈和。随后不久，卡尔又紧急在美泉宫发表了退位诏书，宣布放弃君主帝制，举家逃亡瑞士。从此，600多年的哈布斯堡王朝已经寿终正寝，奥匈帝国彻底崩溃。此时的美泉宫似乎正默默注视着主人落魄而逃，静待革命胜利的到来。

女王的丈夫弗朗茨一世

玛丽亚·特利莎女王一生中最重要的人，是她的丈夫弗朗茨·斯蒂芬。他原本是洛林公爵，从小便与玛丽亚相恋。弗朗茨无论事无大小，都尊重妻子的意愿，在他成为神圣罗马帝国皇帝之后也没有改变，始终全心全意地支持着妻子。奥地利王位继承战争结束后，他成为神圣罗马帝国皇帝，不仅使玛丽亚的王位具有合法性，也让玛丽亚得到统治整个哈布斯堡帝国的权威。可以说，当时奥地利得以成为欧洲强国的基础，就是他们夫妻二人相辅相成才得以达成的。为表达对妻子的爱慕，他决定在自己的姓氏前加上妻子的姓氏，从此家族的姓变成了“哈布斯堡—洛林”，他们的后代也以此为姓。奥地利的哈布斯堡王朝从此成了哈布斯堡—洛林王朝。

在美泉宫内有一所建于1754年的动物园，是现今最古老的动物园。弗朗茨对自然科学很感兴趣，他在世界各地搜罗了各种动物放置在动物园里。这所动物园，是由弗朗茨一手建立的。而在动物园有一座小亭阁，也是弗朗茨所建，里面挂着各式各样动物的绘画。弗朗茨的学术研究范围很广，上通天文，下通地理，其研究所带来的经济效益是哈布斯堡家族资金来源的重要部分。弗朗茨与其说是一位统治者，不如说他是位学者更加贴切。

弗朗茨在第三次西里西亚战争结束后因心脏病病发而逝世。玛丽亚·特利莎女王在美泉宫的一间屋内，以中国黑漆墙板作为装潢，房间内挂着弗朗茨的肖像画，以纪念她最爱的丈夫。1780年，玛丽亚·特利莎女王逝世，她的遗体与丈夫合葬在皇宫附近的一所教堂内，这所教堂虽然并不宏伟，但却是17世纪起哈布斯堡家族成员的墓室。在玛丽亚·特利莎女王的墓棺之上，放置着与丈夫对望的雕像，代表着玛丽亚与弗朗茨29年的夫妻缘分，以及至死坚贞不渝的爱情。

关于美泉宫的历史大事

年代	关于美泉宫	历史大事记	文化与社会
1612 年	奥皇马蒂亚斯在尹林发现了一股美泉，美泉宫因此而得名。	俄国人将波兰军队驱逐出境，夺回莫斯科。	威尼斯乐派作曲家加布里埃利去世。
1683 年	利奥波德一世决定修建美泉宫。	清政府收复台湾。	前一年，画家牟里罗逝世。
1711 年	由罗马建筑师埃尔拉赫设计的美泉宫落成。	前一年，俄土战争爆发。	前一年，凡尔赛宫兴建完成。 次年，法国文学家卢梭诞生。
1743 年	特利莎女皇决定依凡尔赛宫的样式，大规模扩建美泉宫。	奥地利特利莎女皇加冕为波希米亚女王。	达朗博发表《论动力学》。
1805 年	拿破仑攻占奥匈帝国，他将指挥部设在此。	拿破仑在米兰加冕为意大利王。	丹麦童话作家安徒生出生。
1809 年	拿破仑为了震慑奥地利人民，在此举行阅兵仪式。	第五次反法联盟成立。 法国打败奥地利，双方在申布伦宫签署合约。	奥地利作曲家海顿逝世。
1814 年	拿破仑的妻子，奥地利公主露易丝带着年仅 3 岁的儿子回到奥地利，并住进美泉宫。	欧洲联军攻占巴黎，拿破仑被迫退位，并被放逐于地中海上的小岛厄尔巴岛，仍保有皇帝称号。 路易十八成为法国国王，波旁王朝复辟。 维也纳会议召开。 巴拉圭独立。	画家米勒诞生。 歌德开始写作抒情诗《东西合集》。
1815 年	维也纳会议期间，俄、普、奥、英等战胜国的王公贵族住进美泉宫。	拿破仑从厄尔巴岛返回法国，路易十八逃亡。 拿破仑被放逐于大西洋的圣赫勒拿岛。 波兰再度被瓜分，由俄国皇帝兼任波兰国王。	雪莱发表《阿拉斯特》。
1832 年	小拿破仑因肺结核在美泉宫病逝。	英国通过《议会改革法案》，扩大选举权，是为第一次英国议会改革。 奥斯曼帝国承认希腊独立。	歌德与世长辞。 大仲马发表《奈斯尔之塔》。

（续表）

年代	关于美泉宫	历史大事记	文化与社会
1848 年	弗朗茨·约瑟夫一世就任皇帝，并重新装修美泉宫。	西西里爆发革命。 美国加利福尼亚州发现金矿，引发淘金热。 马克思和恩格斯共同发表《共产党宣言》。 法国爆发二月革命，成立法兰西第二共和国。 梅特涅倒台。 瑞士改为联邦制，称瑞士联邦。 路易·拿破仑就任法国总统。	法国画家高更诞生。 乔·治桑出版《小法岱特》。 杜米埃出版《歌唱大师》。
1918 年	奥皇卡尔一世在美泉宫发表退位诏书，宣布放弃君主帝制，结束 600 多年的哈布斯堡王朝的统治。	第一次世界大战结束，奥匈帝国瓦解。 德国爆发十一月革命，威廉二世宣布退位，德意志帝国灭亡。 前一年，莫迪利亚尼的裸体画在巴黎威尔画廊展出，引起轩然大波。	奥地利画家克里姆特、席勒及法国诗人阿波利内尔逝世。 次年，雷诺阿逝世。

法国 · 巴黎

凡尔赛宫

VERSAILLES PALACE

“太阳王”造就的世界第一宫殿

1665 年，法国国王路易十四动员 3 万余名工匠、6000 匹马在巴黎西南 18 千米处，兴建被公认为世界第一的凡尔赛宫。1682 年至 1789 年，路易十四、路易十五和路易十六均居住在此，它曾经一度取代巴黎成为法国首都，直至法国大革命爆发……

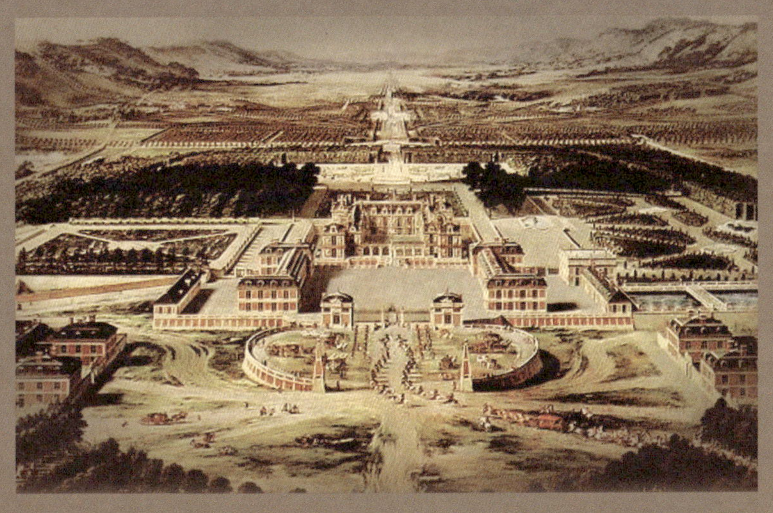

“太阳王”的妒忌心成就了世界第一宫殿

凡尔赛位于法国巴黎西南 18 千米处，此处早期森林遍布，后来随着美丽的风景被人们发现，凡尔赛逐渐成为几代宫廷大臣的私人居所，直到 1620 年路易十三（Louis XⅢ，1601～1643）才将其占为己有。由于路易十三的父亲是被暗杀身亡的，所以大多数人怀疑背后的主谋就是路易十三。他为此成了一个郁郁寡欢的人，于是选择以打猎作为他的感情寄托。1623 年，路易十三下令在凡尔赛地区进行初步的建设，建造了一个较为简单的王室行宫。从此，这里成了路易十三的狩猎行宫，且一直保持这里特有的宁静与安谧。但是继任者路易十四（Louis XⅣ，1638～1715）的妒忌心却改变了这里的一切。

史称“路易大帝”的路易十四所执政的 55 年，是法国君主专制的鼎盛时期，在他的统治下，法国曾经一度统治欧洲，伏尔泰把这一时期称作“路易十四的世纪”。

早期的凡尔赛，森林遍布，尤其适合山鸡、野兔、野猪和鹿等动物的繁衍。

路易十三是一个郁闷而害羞的人，打猎是他最佳的感情寄托。

路易十四在 5 岁时登上王位，因年幼而由母亲辅佐执政。图为母子两人。

路易十四在 5 岁时登上王位，虽然由母亲安妮（Anne of Austria，1601～1666）辅佐执政，但国家实权却被首相马扎然（Cardinal Mazarin）掌控着。遍及欧洲各国的“三十年战争”激化了法国各阶级之间的矛盾，长期的战事使得法国境内捐税激增，各阶级怨声载道。同时，巴黎的达官显贵们，也对马扎然的专制越权心存不满，从而导致了由巴黎贵族领导的反抗政府的“投石党运动”。在这个运动中，路易十四被逮捕，从此他幼小的心灵就萌发了加强中央集权的念头。

马扎然去世后，23 岁的路易十四开始亲自执政，加强了君主的权力，正如他所言：“君主不但要决定一切，而且要受到臣民的尊重，国家事务唯有君主才有权考虑和决策，其他人的职责只不过是执行君主的命令而已。”

当时，富凯（Fouquet，1615～1680）是路易十四的财政大臣，经常利用职务之便侵吞公物、中饱私囊。路易十四对这位大管家并无疑虑，尽管他也知道富凯的贪婪，但并未追究。1661 年的某一天，富凯邀请路易十四到他家中做客，没想到这场盛宴却为富凯带来了灭顶之灾。当路易十四看到自己宠臣的宅邸远胜于自己的王宫时，既羞且怒。为了维护国王的尊严，路易十四强忍心头的怒火参加完盛宴，回到

马扎然实际掌控着法国政权，他任首相时期，法国爆发了以巴黎贵族为首的反抗政府的“投石党运动”。

马扎然去世以后，23 岁的路易十四执政。

王宫后，他立即密令彻查富凯。不久，富凯因贪污罪被捕入狱。

然而，这一切似乎并不能平息“路易大帝”的愤怒，为了扳回颜面，路易十四决心修建一座世界上独一无二、豪华绝伦的宫殿——凡尔赛宫，使其成为法国君权的象征与欧洲各国争相仿效的对象。成就路易十四这个狂妄理想的人，便是当时最负盛名的建筑大师勒沃和芒萨尔、园林艺术大师勒诺特、画家勒布朗等人。凡尔赛宫的修建成就了勒沃，凡尔赛宫里动人的“舞台场面设计”，成了 17 世纪最后几十年奢华建筑的典型，也标志着勒沃的建筑和造园艺术等形式有了更加紧密而完美的结合。

在宫殿的建造过程中，路易十四不但投入了大量金钱，而且经常询问工程进度，甚至常和建筑师们一起讨论设计概念。一向独断专行的路易十四对建筑师和造园家们表现出了难得的人情味，并提高了他们的社会地位和经济收入。勒诺特的园林设计理念深受路易十四的赏识，他多次得到国王巨额的赏金，据说他曾经开玩笑地对路易十四说：“陛下，照这样下去，您恐怕会破产。”勒诺特以自己的才干和智慧，成为宫廷中唯一能与路易十四拥抱的人。除此以外，路易十四赐爵位给芒萨尔和勒布朗的行为，也招致宫廷中贵族们的不满，但孤傲清高的国王对此不屑一顾，他当着那些大臣的面，呵斥道：“我可以在一个时辰之内册封 20 个公爵和贵族，但造就一个芒萨尔或勒布朗却要几百年的时间。”

1670 年 10 月，勒沃在巴黎去世。凡尔赛宫自 1678 年起由芒萨尔主持直到修建完毕。芒萨尔的建筑艺术已经转入了另一个建筑发展的新时代，他不但继承并发展了巴洛克风格，而且还借鉴了法国前辈建筑师们留下的遗产，对各种不同的风格采取兼容并蓄的原则，使各种不同的设计元素得到了合理、灵活的运用。

勒诺特以自己的才干和智慧，成为宫廷中唯一能和路易十四拥抱的人。

经过几位建筑师和艺术家的努力，欧洲最大的宫殿和园林建筑终于建成了。整个宫殿建筑面积为 11 万平方米，而园林面积却达到了 100 万平方米，完全符合今日建筑生态学的标准。建筑

凡尔赛宫建成后，就成为欧洲最大的宫殿和园林建筑，欧洲其他国家效仿其建筑风格，甚至连法国的宫廷礼仪也成为当时欧洲皇室模仿的对象。图为凡尔赛宫内举行盛大庆典的场面。

以东西为轴，南北对称，花园也呈现为几何图形。在长达 3 千米的中轴线上，雕像、喷泉、草坪、花坛、柱廊点缀其中，错落有致。宫殿的主体长达 707 米，中间是王宫，两翼是宫室和政府办公室、剧院、教堂等，象征着王权至上。建筑外观雄伟壮丽，宫内 1300 个房间以产自意大利的大理石镶砌，并用纯金饰品、珍稀古董、油画和雕塑布置。从某种意义上说，它既是西方古典主义建筑的代表作品，也是人类艺术宝库中的一颗明珠。

凡尔赛宫于 1682 年落成后，路易十四便将法国首都从巴黎迁至凡尔赛。他一反法国宫廷的放任传统，采用西班牙宫廷的庄严仪式，让一切朝臣和伺候他的人都对君主的威严表示崇敬，而国王本人更成为崇拜的中心。

当时宫廷里把路易十四称为“太阳王”，而凡尔赛宫内各种繁复、庄严的礼节竟成了欧洲各国君主模仿的对象。

美国独立的第一步

18 世纪 70 年代，在凡尔赛宫内，经常会看到一位头戴海狸帽的老人。法国国王路易十六（Louis XVI，1754～1793）及其廷臣们在厌倦了每天一成不变的生活和乏味的繁文缛节之后，对这位来自“穷乡僻壤”的老人产生了兴趣。平时趾高气扬的法国贵族们对他非常礼让，说话的神态就像对一位德高望重的长辈。而他，就是来自美国的科学家、政治家、哲学家——本杰明·富兰克林（Benjamin Franklin，1706～1790）。

自 18 世纪 50 年代开始，英国、普鲁士同盟与法国、奥地利、俄国同盟为了争夺海外殖民地和欧洲霸权进行了一场非正义的战争。法国在海上和殖民地的争夺中连遭败绩，被迫将北美、西印度群岛、非洲和印度的大片属地割让给英国。相反，英国殖民者却全面加强了对北美殖民地的控制，从而加重了殖民地人民的经济负担。自 18 世纪 70 年代开始，英国进一步采取高压政策，从政治上和军事上加紧对北美人民的控制与镇压，这激起了人民争取民族自治的革命浪潮。1775 年 4 月，在北美波士顿附近的列克星敦（Lexington）和康科德（Concord），爱国者们打响了独立运动的第一枪，从此，长达 8 年的美国独立战争开打。

本杰明·富兰克林是美国革命时期的思想家、杰出的政治家和卓越的科学家。他是美国 18 世纪仅次于华盛顿的第二号人物。

次年 7 月，大陆会议通过《独立宣言》，宣布 13 个殖民地脱离英国独立。为了争取法国的支持，美国政府决定派遣富

富兰克林在法国极受贵族们的欢迎。

约克镇一战迫使 8000 名英军投降，英国殖民者被迫走上谈判桌。

法国经济学家杜尔哥（Anne-Robert-Jacques Turgot）曾颂扬富兰克林说："他从天空抓到了雷电，从专制统治者手中夺回了权力。"图为富兰克林透过放风筝来验证闪电是一种放电现象。

兰克林赴法国，作为驻法的首席代表。因此，他成为法国凡尔赛宫的座上宾。

虽然富兰克林比任何人都见过更多的君王，与更多的公爵共进过晚餐，也给更多的伯爵夫人讲过趣闻轶事，但是他的出身却极为平凡。他是一个贫穷的英国移民的第 10 个孩子，他的父亲在 17 世纪末从英国的北安普敦迁到美国的马萨诸塞州。在他刚会说话时就开始学习阅读和写字，少年时期曾在父亲所在的波士顿的肥皂厂里做事，之后，他在同父异母的哥哥的印刷厂里工作。他的哥哥就是著名的《新英格兰报》的编辑和发行人。在那里，富兰克林学到了很多知识，同时也开阔了眼界，增长了见识。从那时起，他从未真正脱离过排字盘。他曾经说过："你要知道，一旦对排字的感情融入你的血液中，如果你不生活在这种气氛中，如果你听不到全身油污的顽童喊叫着寻找某一个字母，你就不会感到快乐。"

17 岁时，他来到纽约，过着流浪的学徒生涯，后来又辗转来到费城。这种颠沛流离的生活状态一直持续到大革命的来临。他把全部的政治热情投入独立运动中，当宗主国和殖民地因税收问题而大动干戈时，他公开主张以有限暴力对抗英国政府，而他也花掉全部的财产来宣传他的理念，成为一个活跃的政治家。

独立运动初期，13 个邦的共和国处于财政窘境，只有靠法国的帮助，美国的独立运动才有可能获胜。由于富兰克林受过清教徒开办的学校教育，懂得如何与法国人谈判，而且他已经过了古稀之年，老练沉稳，同时他的名字在国外享有很高的威望，法国的大臣和银行家们绝对不会拒他于门外。因此，这位美国老人在两位孙子的陪同下，乘坐一艘小木船，远渡重洋前往法国。

北美大陆会议的指示十分含糊，甚至连一份信用函都没有给他，更别提路上的开销。幸运的是，他们在途中巧遇两位英国商人，于是他们便卖掉了随身带去的木材和白兰地酒，换来一两个月的零用钱。1776 年 12 月，富兰克林抵达法国。

对于这位美国老人而言，当时的法国就像 15 个世纪之前的罗马帝国。法国上层阶级文明而知礼。建筑师别出心裁的设计和美轮美奂的园林设计独具匠心。法国厨师的手艺无人能及。深厚的法国文学底蕴是欧洲大陆的旗帜。尤其让他敬佩的是，法国人竟把礼仪学校设在凡尔赛宫内，以此吸引来自欧洲其他国家的优秀青年。这位学识渊博、思想敏锐的“老印刷工”，凭着自己的冷静和智慧，逐渐赢得法兰西民族的好感与钦佩。

与此同时，大宗的枪支弹药和军服开始运抵美国。美军取得萨拉托加大捷的消息传到凡尔赛宫 4 天后，法国外交大臣就通知富兰克林，法国国王愿意在任何时候会见他。1778 年 2 月 6 日，《法美同盟条约》终于在凡尔赛宫签署，4 个月后法国对英国宣战，从而为美国争取民族独立奠定了坚实的外交基础。但富兰克林在欧洲的工作并没有结束，他仍然留在了法国，购买军火，商谈借款，说服其他国家加入商业或政治联盟，对抗顽强的大英帝国。3 年后，约克镇一战迫使 8000 名英军投降，英国殖民者被迫走上谈判桌。

1782 年夏初，美国独立战争的舞台搬到了巴黎。美国谈判代表的重任落在富兰克林的肩上。为了掌握会议的主控权，代表团手段圆融地打消了英国的主观设想，拒绝接受以扩大自治权来代替主权的解决方案。1783 年 9 月 3 日，经过艰难曲折的反复谈判，在凡尔赛宫，英美双方的谈判代表在《巴黎和约》上正式签字，英国不得不承认美国 13 个州的独立事实。

《巴黎和约》的签署，标志着美国为实现民族独立迈出了重要的一步。凡尔赛宫也见证了这段光辉而又不平凡的历史。

法兰西皇后与她的瑞典情人

1774 年 1 月某日，凡尔赛宫内正在举行一场盛大的化装舞会。这时，舞厅中间一个身材颀长、风度翩翩的年轻人，不小心撞倒了一个戴白色面具、年约 18 岁的姑娘。年轻人的面具也同时被撞掉了，姑娘不禁被他那英俊的容貌和优雅的举止所打动，这一瞬间的相识为这对年轻人播下了爱情的种子，这个年轻人是瑞典贵族阿克塞尔·冯·菲尔逊伯爵，而这位美丽的姑娘则是奥地利公主、未来的法国国王路易十六（Louis XVI，1754～1793）的皇后玛丽·安托瓦内特（Marie Antoinette，1755～1793）。

命运弄人，菲尔逊和玛丽分手之后，继续着他的欧洲之旅，在他离去后不到 3 个月，法国老国王路易十五驾崩，路易十六继承王位，玛丽遂成为法国皇后。法国和奥地利哈布斯堡王朝这桩政治婚姻，断送了这对年轻人的姻缘。路易十六性格

瑞典贵族阿克塞尔·冯·菲尔逊伯爵，为玛丽王后倾情一生。

菲尔逊和玛丽分手后不到 3 个月，路易十六继承王位，玛丽遂成为法国王后。图为路易十六和玛丽王后的合影。

1791 年 6 月 21 日夜，在菲尔逊的策划下，王后 6 岁的王子和 13 岁的公主扮作“男爵夫人”的孩子，藏在马车的后座里。图为王后和她的孩子们。

内向，和凡尔赛宫的生活格格不入，整天郁郁寡欢，喜欢在挂有黑窗帘的厅堂里谈论死亡。他似乎对王位并不热衷，很少过问国事。法国史学家路易·马德林曾描述他说：“路易十六不喜欢劳动、不喜欢恋爱、不好打仗、不好政事，他生平只有两样嗜好，打猎和做铁匠。”可笑的是，巴黎人民起义，攻克巴士底监狱的当天，他竟在日记里写道“无事可记”，他的昏昧，可见一斑。

反观玛丽皇后却不是如此，这位皇后长得美丽端庄，舞姿迷人，但是性情骄纵。她挥霍无度，喜欢在宫廷中抛头露面，国库里的钱经常被她挪为私用。路易十六当政 15 年，国债增加三倍。玛丽皇后的私人生活成了众矢之的，但豪华的宫廷生活难以抚平她渴望纯洁爱情的心，在她和菲尔逊分手 4 年后，菲尔逊曾到凡尔赛宫拜访她。而菲尔逊也在写给父亲的信中流露出对皇后的爱慕之情，他说：“我所认识的公主、皇后中，她是最漂亮、最迷人的，令我终生难忘。”

但是美国独立战争的爆发却延续着他们两人的不幸。菲尔逊志愿和法国军队一同前往美国打仗，据说这也是出于对玛丽皇后的爱慕之心。临行前，玛丽皇后在凡尔赛宫和菲尔逊幽会，两人情意绵绵，难舍难分。4 年之后，战争结束，菲尔逊途经南美返回法国，皇后为他争取到一个上校的头衔。

经历了 8 年的爱恨离别后，菲尔逊拒绝家人的催促，决定留在巴黎。但是法国大革命却将他们的爱情送进了坟墓。

1789 年，法国大革命期间，凡尔赛宫内一片惊恐，菲尔逊接受玛丽皇后的嘱托，

雅各宾派执政以后，玛丽王后步路易十六的后尘，被送上了断头台。至此，情人菲尔逊的一切努力化为幻影。

前往奥地利和意大利，寻求玛丽的亲属、哈布斯堡家族的援助，随后又以瑞典国王特使的身份重返凡尔赛，为玛丽皇后出谋划策。这时的法国王室成员和贵族们已成丧家之犬，纷纷逃离法国。该年 10 月，凡尔赛宫仍旧举行了盛大的宴会，以庆祝国王新卫队的成立。此时，愤怒的巴黎市民手持木棍，高呼口号，向凡尔赛宫进攻。面对愤怒的群众，皇后一行在国民警卫军总司令拉斐德的护卫下，慌忙逃向巴黎，住进了杜伊勒里宫。菲尔逊则乘坐另一辆马车，跟在大队人马后面。此后，凡尔赛宫成了被废弃的王宫。

随着革命形势的发展，菲尔逊为玛丽皇后精心安排了一个出逃计划。他为皇后一家弄了几张俄国护照，想要逃往俄国。1791 年 6 月 21 日深夜，菲尔逊赶着一辆普通的马车来到杜伊勒里宫广场，把皇后的两个孩子和他们的女教师接上车，女教师扮成一名俄国的贵夫人，6 岁的王子和 13 岁的公主扮作“男爵夫人”的孩子，藏在马车的后座里。国王装扮成仆役，而皇后则假扮成女教师的模样。他们爬上车子后，菲尔逊立即策马向东驶去，宫廷上下的警卫、仆役、官员全都被蒙在了鼓里。他们一路疾驰，向东部军团驻地蒙特梅迪奔去。不幸的是，马车在路旁停下，路易十六坚持要求菲尔逊下车，原因是他不愿让一名外国贵族护送，因为这样既不得体，又有损法国国王的尊严。无奈而又委屈的菲尔逊只好下车，向皇后挥手道别。殊不知，这却是这对情人的诀别。晚间 7 时，路易十六一行人来到一个小镇上。正当他们舒了一口气，庆幸自己一路平安时，忽然听见人群中有人大喊了一声："那个戴眼镜的胖子就是国王！"接着，国王和皇后就被押送回巴黎。

随着法国大革命的声势的不断高涨，1793 年 1 月 21 日，路易十六被送上了断头台。之后玛丽皇后也步丈夫后尘，被送上了断头台，情人菲尔逊的努力全部化为泡影。玛丽皇后死后，菲尔逊悲伤地回到瑞典。由于特殊的身份，很快就被卷入本国的政治斗争中。瑞典国王去世之后，克利斯蒂和古斯塔夫两个王子为夺王位展开了激烈的斗争，由于菲尔逊难脱关系，因而被活活打死，这个事件发生在 1810 年 6 月，距离他帮助玛丽皇后化装潜逃，整整 19 年。

玛丽皇后的美丽与哀愁

她出生在宫廷，一方面，她生活优渥，举止优雅，活泼大方，待人亲切温柔；另一方面，她又骄傲任性，反复无常。她带着浓烈的贵族气质，在美学、艺术方面有着过人的天赋。她对现实，尤其是政治毫无适应力，既没有天生的政治头脑，也没有后天培养的政治素养。在 14 岁的懵懂年纪嫁到法国时，她连法语都不太会说，如果不是因为她的出身，在当时的法国恐怕都不一定能安然地活到 38 岁。她就是路易十六的妻子——玛丽皇后。

说她奢侈可以，但说法国的财政是被她拖垮的，那就言过其实了。法国的财政从路易十四当政时就开始走下坡，路易十五无法解决这个问题，还因他包养了多个情妇，而把财政弄得更糟，路易十五没钱嫁女儿，连路易十六的婚礼都是借钱办的，那就别指望才刚刚继位、胸无大志的路易十六能够扭转乾坤了。换句话说，就算玛丽没有嫁到法国当皇后，法国人的日子一样好不了。

玛丽皇后的人生有如糖衣包裹着的毒药，虽然入口甜美，但是内在辛酸。

玛丽的丑闻不外乎：政治方面，说她叛国（在两国战争期间泄露本国情报给母国奥地利）和反对法国大革命、维护君主制；生活方面，说她浪费奢侈、淫荡（传闻她和瑞典贵族菲尔逊伯爵有暧昧纠葛），当然还有流传最广的“没有面包为何不吃蛋糕”这句话。

200多年来，玛丽皇后一直是个谜。在欧洲皇室贵族中，从来没有一位皇后被如此批判又被神圣化，被人称赞又被人侮辱。当历史学家们都在诟病这位皇后时，却鲜有人知道她对艺术和生活的独到见解。作为“洛可可时代的皇后”，她诠释着真正属于皇室宫廷的艺术，无法言喻的“法国蓝”就是最佳的注解。

据说路易十六有生理上的缺陷，因此努力在其他方面弥补玛丽，纵容她的玩闹与奢侈，纵容她举办舞会、赌博、听歌剧、赛马，纵容她午后时分品尝着世界上顶尖的甜腻蛋糕与奢华茶点。玛丽有时候甚至会忘了自己的皇后身份，在深夜偷偷出宫，在化装舞会上与风流倜傥的军官调情。

毫无疑问，她一定是18世纪法国巴黎的“时尚教母”。玛丽皇后从不追赶时尚潮流，因为她的存在本身就是时尚。她将18世纪最普通的礼服搭配出更夸张迷人的效果。一天4套，和现在的巴黎秀场如出一辙。她将当时流行的高耸发饰和假发的高度，推到了历史新高。在令人眼花缭乱的发型上，珍珠、缎带、鲜花、羽毛、水果，甚至是小帆船模型，都成了头发的装饰品，以至于当时有人戏谑说，这种发饰肯定会引起建筑革命，因为卧室的门和戏院包厢的天花板都要抬高了。

作为凡尔赛的头号模特儿，玛丽穿什么款式，这一季贵族们的时尚潮流也会跟随她而变化。玛丽和那个时代的所有女人并没有什么不同，都在追求通往幸福之路。唯一不同的是，她享受极尽奢华的代价，就是永远无法摆脱皇室的牢笼和联姻的囚禁。

法国大革命时，懦弱的路易十六同意反叛者废除王权的一系列要求，想要在叛军手下苟且偷生。但玛丽则显示了出人意料的坚定和倔强，绝不妥协于废除王权的决定，她采取了各种她能想到的办法去阻挡。当时她被政治家们称为“王室中唯一的一个男人”。玛丽甚至以出卖法国情报的方式向自己的娘家——奥地利王室寻求救援。这个行为被愤怒的法国人民发现之后，末路皇后以叛国罪被送上了断头台，结束了她的一生。

玛丽的人生有如糖衣包裹着的毒药，虽然入口甜美，但是内在辛酸。在行刑前，玛丽曾经在写给姐姐的信中写下这么一段话：

“毒药已经不是这个年代的专利了，现在的人擅长用诽谤这种方式杀人。他们可以肆意诋毁最简单纯洁的东西，他们蒙蔽那些善良的资产阶级，煽动那些无知的民众。我们被描述成肆意杀害巴黎民众、嗜血成性的暴君，但其实我们只是毫无权利的囚徒。我们只想用我们的鲜血，换回法兰西的幸福。”

玛丽皇后将当时流行的高耸发饰和假发的高度，推到了历史新高。在令人眼花缭乱的发型上，珍珠、缎带、鲜花、羽毛、水果等都成了头发的夸张装饰品。

德意志帝国由镜厅加冕

凡尔赛宫中最为世人称道的是雍容华贵、富丽堂皇的镜厅。

镜厅（The Hall of Mirrors），曾经是皇室举行舞会和其他活动的地方。镜厅的墙上镶有 17 面大镜子，刚好对着 17 面落地玻璃窗，能将御花园内的美丽景色尽收眼底。整个厅堂的装饰以镶金及镜面为主，配以大型水晶吊灯，站在中央，你可以从各个镜子中看到不同的自己，空间感强烈。不难想象当年皇家舞会进行时，炫目闪耀的灯光和百人起舞的景象如梦如幻。

但是镜厅的闻名除了其独特的建筑、装潢之外，更重要的是普法战争法兰西战败后，德意志皇帝威廉一世（Wilhelm I，1797～1888）曾在这里加冕称帝，并宣布成立德意志帝国。

法国的邻居普鲁士是一个军事封建王国。1861 年，头脑清醒、遇事冷静、注重实际的威廉一世登上王位后，任命了和他具有相同政治理念的俾斯麦（Bismarck，1815～1898）为首相兼外交大臣。“铁血宰相”俾斯麦为了实现普鲁士统一全德的野心，积极扩充军备。

图为普法战争中的骑兵。

1864 年，俾斯麦拉拢奥地利作为同盟者，策动对丹麦的战争。两年之后，俾斯麦又联合意大利发动对奥地利的战争，奥军战败后退出德意志邦联，随即俾斯麦吞并了北部 4 个支持奥地利作战的邦国，并于 1867 年建立了以普鲁士为首的北德意志联邦，初步实现了德意志各邦的统一。但是因法国的阻挠，南部的巴伐利亚、巴登、维尔茨堡和黑森－达姆斯塔特等

雍容华贵、富丽堂皇的镜厅。

1861 年，头脑清醒、注重实际的威廉一世登上了王位，随即任命了和他具有相同政治理念的俾斯麦为首相兼外交大臣，开始了统一全德的步伐。图中穿白衣服者为俾斯麦。

凡尔赛宫内景。

法军溃败后，法国皇帝拿破仑三世率领自己的元帅、将军和 8 万余名士兵向俾斯麦缴械。

俾斯麦于 1847 年成为普鲁士议会议员，而后成为一名出色的外交家。在他看来，德意志必须在普鲁士的领导下尽快统一，然而要完成统一大业，非以武力为后盾不可。

西南四邦仍旧保持着独立地位。俾斯麦决定用武力解决与法国之间的纷争，统一德意志，称霸欧洲。

当时法国的当权者是拿破仑三世（Napoléon Ⅲ，1808～1873）。他是拿破仑一世的侄子。他自封皇帝，成立了第二帝国，对内推行反动政策，对外则推行侵略政策，一心想要建立一个独霸欧洲的法兰西帝国。拿破仑三世为了转移日益激化的国内矛盾，也出于对近邻德国莱茵河地区丰富的天然资源的垂涎，便下定决心打垮羽翼未丰的德国，想将德意志划为三块，永远不得统一。

1870 年 7 月 19 日，法国对普鲁士宣战。一个月之后，法军在萨尔布吕肯地区向普军发动进攻，拉开了普法战争的序幕。普军进行了充分的准备，兵力也超过法军一倍，在威廉一世的指挥下，很快地反守为攻，并一举进入法国境内。法军主力被分割成两部分，一部分由巴赞将军率领，守卫梅斯要塞，另一部分则由拿破仑三世和麦克马洪元帅率领，退守色当。

9 月 1 日，具有决定性的色当会战开始后，可怜的法军被普军分头包围，密集的炮火就如大雨般倾泻城内，无处躲藏的法军官兵被湮灭在火海中。下午 3 点，法国皇帝手捧佩剑，率领元帅、将军和 8 万余名士兵向普军缴械。色当会战为法兰西第二帝国敲响了丧钟。

3 天后，被激怒的巴黎人民爆发革命，推翻了第二帝国，组成了以巴黎总督特罗胥为首的“国防政府”。9 月中旬，普军兵临巴黎城下，在凡尔赛宫设立攻城司令部，统一协调对法作战。普鲁士的举动激发了法国的民族战争，巴黎人民拿起武器，奋起反抗，一直等到次年 1 月，法国首都才告陷落。

与此同时，德法开始谈判议和，签署了《法兰克福和约》，法国割让阿尔萨斯和洛林，并支付 50 亿法郎的赔款，在赔款付清之前，德军将驻扎在法国北部。

1871 年 1 月 18 日，这一天正好是第一位普鲁士国王加冕 170 周年纪念日。在

72 米长的凡尔赛宫镜厅内，曾经映照过“太阳王”路易十四风采的 17 面镜子，静静地看着法兰西民族永远挥之不去的耻辱——德国皇帝威廉一世的加冕典礼。

“太阳王”与康熙皇帝

大航海时期打通了欧洲通往亚洲的航线，传教士从海路纷纷来到中国，一场规模浩大的西学东渐运动，由此展开。康熙皇帝与“太阳王”路易十四的交流，也因此揭开序幕。

康熙二十六年（1687 年），路易十四以“国王数学家”的名义，将五位传教士派遣到中国。其中白晋和张诚被留在康熙身边教授几何学和医药学，对康熙影响最大，也最受康熙的信任和倚重。10 年之后（1697 年），白晋奉康熙旨意回法国，他将来华的经历写成近 10 万字的报告并呈献给路易十四，后来以《康熙帝传》在欧洲出版。第二年（1698 年），白晋又回到了中国。

白晋在《康熙帝传》中全面介绍了康熙皇帝及其对国家的统治。他说：“（康熙皇帝）深信君主的威信和真正的伟大，并非借助于豪华的表面，而在于他的道德光辉。”他在《康熙帝传》中指出，清朝的国库虽然堆满了金银财宝，但康熙本人却过着简朴的生活，他熟悉历代诗词，书法造诣很深，喜欢阅读经典，不仅对中国的科学感兴趣，也对欧洲的科学知识有着强烈的学习欲望。康熙也喜欢西方的哲学，他所用的满文哲学教材是法兰西院士杜阿梅的《古今哲学》。《康熙帝传》将康熙塑造成了一个完美君王的典型，在宫廷里和文化界引起了巨大回响。伏尔泰在其《风俗论》中根据这些传闻描绘了康熙皇帝，并且说：“当国王是哲学家或哲学家做国王时，人民是幸福的。”

“太阳王”路易十四对中国也有着极高的热情。他又于 1686 年派出一个使团从陆路经俄国前往中国。当时路易十四亲自致书康熙皇帝（该书信保存在法国外交部档案处），但却因为俄国的阻挠，这个使团最终没有抵达中国。1698 年，白晋第二次返回中国时，同行的还有耶稣会士傅圣泽。康熙五十年（1711 年），在白晋的推荐下，傅圣泽被康熙征召入京，协助白晋翻译《易经》。康熙六十年

（1721年），傅圣泽离华返回法国，带回中文古籍4000多部，这批典籍，成为欧洲汉学家研究中国与中国文化的基础。

康熙与路易十四的这段交往，对康熙的影响体现在多个方面。传教士用满文为康熙编纂的解剖学、历史著作，使康熙成为17～18世纪在科学与文化知识素养方面最为深厚的帝王。在个人生活方面，康熙在晚年对传教士所进贡的葡萄酒情有独钟。康熙的“哲学君王”形象在18世纪的欧洲引起极大的轰动，在他长达60年的统治期内，他持久而深入地学习研读中国传统儒家经典，同时钻研西方科学知识与文化，并将其应用到统治与行政的各个领域，开创了清代最为昌盛的“康熙盛世”。

自称“太阳王”的路易十四，是法国波旁王朝著名的国王，是波旁王朝的第

路易十四被称为“太阳王”，他穿着华丽的服饰、丝袜与高跟鞋，在凡尔赛宫内讲究各种繁复、庄严的礼节。他执政的55年，是法国君主专制的鼎盛时期。在他的统治下，法国曾经一度统治欧洲。

康熙皇帝熟悉历代诗词，书法造诣很深，喜欢阅读经典。他不仅对中国的科学感兴趣，也对欧洲的科学知识有着强烈的学习欲望。

三任君主。康熙比路易十四小了16岁，是大清王朝的第四任皇帝。康熙8岁登基，路易十四5岁登基。王朝的时代与两人所受的贵族教育都很相近，而两人也同样是朝气蓬勃、建树颇多的一代帝王。在那段辉煌的交往岁月里，东西方世界出现了奇迹式的文化相遇。在当时的时代背景下，无论是对清朝，还是对法国，无论是对康熙，还是对路易十四，都是历史上一次伟大的开放与碰撞。

关于凡尔赛宫的历史大事

年代	关于凡尔赛宫	历史大事记	文化与社会
1620年	路易十三将凡尔赛宫占为己有。	“五月花”号出航，欧洲人自此大批移居美国。	前一年，画家鲁本斯在凡·戴克的协助下，完成《浪子回头》画作。
1623年	路易十三下令在凡尔赛地区进行初步建设，作为国王的狩猎行宫。	次年，英国人在北美弗吉尼亚建立第一个殖民地。	次年，贝尔尼尼开始建造圣彼得大教堂的环形柱廊。
1665年	路易十四决定大肆建设凡尔赛宫，由建筑大师勒沃和芒萨尔，及园林艺术大师勒诺特、画家勒布朗等人共同设计。	伦敦爆发大规模瘟疫，超过10万人死亡，相当于当时伦敦人口的1/5。	清朝首位状元傅以渐逝世。
1682年	凡尔赛宫落成。 路易十四将首都从巴黎迁至凡尔赛。	前一年，清政府平定三藩之乱。	西班牙兴建圣特尔莫宫，最初作为航海家大学的神学院以及海员遗孤的学校。现在是安达卢西亚自治区政府所在地。
1774年	在凡尔赛宫的一场化装舞会上，瑞典贵族菲尔逊伯爵结识了未来的法国皇后——奥地利公主玛丽。	北美十三州代表召开第一次大陆会议。	前一年，清政府设立四库全书馆，负责《四库全书》的编纂。
1778年	《法美同盟条约》在凡尔赛宫签订，美方代表为富兰克林。	巴伐利亚爆发继承权战争。	伏尔泰去世。

（续表）

年代	关于凡尔赛宫	历史大事记	文化与社会
1783 年	英美双方在凡尔赛宫签订《巴黎和约》，英国承认美国 13 个州独立。	美国独立战争结束。	英人柯特发明以煤炼铁的方法。
1789 年	法国大革命期间，玛丽皇后请求菲尔逊伯爵前往奥地利，寻求哈布斯堡家族的援助。	路易十六下令解散国民议会。 国民议会代表发表《网球场宣言》，并改称制宪议会。 7 月 14 日，巴黎人民攻陷巴士底狱，法国大革命爆发。 8 月 26 日，法国制宪议会通过《人权宣言》。 美国召开第一届国会，选华盛顿为美国第一任总统。	4 月，莫扎特到柏林、德累斯顿、莱比锡等地演出。[1] 7 月 14 日，这一天后被定为法国国庆日。
1871 年	德国皇帝威廉一世在凡尔赛宫的镜厅举行加冕典礼。	巴黎公社成立。 普法战争结束，法国割让洛林及阿尔萨斯两省。 北德意志邦联各邦与南德意志合并为德意志帝国，德意志终告统一。 次年，日本修筑第一条铁路。	达尔文发表《人类起源》。 威尔第创作《阿伊达》。

[1] 见：《中国大百科全书》（第二版），中国大百科全书出版社，2009 年 3 月第 1 版第 1 次印刷，第 16 册，第 248 页。

法国 · 巴黎

枫丹白露宫

FONTAINEBLEAU PALACE

见证集权与自由的蓝色美泉

在帕维亚一战惨败后，法兰西斯一世卧薪尝胆，特意将有“蓝色美泉”之意的枫丹白露宫改建成为融合意大利文艺复兴艺术特色的法式建筑，希望在此一雪被查理五世俘虏之耻。

卧薪尝胆的法兰西斯一世

在法国首都巴黎东南方的塞纳河畔，有一座意大利建筑风格的宫殿群——枫丹白露宫。虽然枫丹白露宫的豪华比不上凡尔赛宫，但就艺术价值而言，两者却难分轩轾。“枫丹白露”是“蓝色美泉”之意，它因拥有金碧辉煌的宫苑与苍翠的森林而闻名于世。

枫丹白露宫的修建可以追溯到 1137 年，当时的法国国王路易六世（Louis VI，1081～1137）在泉水旁边，修建了一座城堡，供其打猎和休憩之用。后来法国的几代国王根据自己的爱好和兴趣，对其进行改建、装修，枫丹白露宫才成为今日所见的规模。就风格而言，枫丹白露宫可说是意大利文艺复兴和法国传统建筑艺术的完美结合，因此，素有“法国的建筑博物馆”之称。如果细究起这座行宫的意大利轨迹，就得从欧洲国家的战争时代说起。

意大利地处欧洲大陆南端，地理位置优越而独特，商业贸易尤其发达。法国和西班牙作为意大利的近邻，对意大利的富饶垂涎已久。由于意大利的发展极不平衡，北部发达，南部落后，而且半岛内部各城市之间竞争激烈，时有冲突发生，政治上四分五裂。这种情况，给了虎视眈眈的外强入侵的机会。

早在 1494 年，半岛上的那不勒斯国王斐迪南一世（Ferdinand I）去世。法国国王查理八世（Charles VIII，1470～1498）趁机宣称，自己作为法兰西王朝的旁系——安茹王朝的继承人，有权占有斐迪南一世的领地。于是，查理八世率兵越过阿尔卑斯山脉，进入那不勒斯，点燃了意大利战争的导火线。从此，意大利半岛成了欧洲列

路易六世喜好打猎，他在泉水旁边修建的一座城堡，就是现在枫丹白露宫的前身。

枫丹白露宫位于法国首都巴黎东南方的塞纳河畔，具有典雅庄重的意大利建筑风格。

查理八世是法国历史上一位有作为的国王，1495 年他接受罗马教皇的任命，成为“法兰西、那不勒斯和君士坦丁堡的国王”。图为查理八世的军队进入佛罗伦萨的情景。

枫丹白露宫中的藏品《猎神黛安娜》，刻画了住在山林水泽中的仙女形象。

强争夺的焦点。

次年 1 月，查理八世接受罗马教皇任命成为“法兰西、那不勒斯和君士坦丁堡的国王”。为了对付法国，意大利半岛上的各国联合起来成立“神圣同盟”。“神圣罗马帝国”（德意志）皇帝马克西米连一世和西班牙国王斐迪南二世也不愿意看到法国在意大利半岛的势力扩大，决定加入“神圣同盟”，把法国逐出意大利。1496 年 12 月，法军战败后被迫撤出那不勒斯。但是意大利半岛的战争并没有因为法国人的离去而结束，意大利的富庶依旧吸引着欧洲各国君主们贪婪的目光。

3 年后，查理八世的继任者路易十二（Louis XII，1462～1515）再次远征半岛上的米兰公国，相继占领了米兰和伦巴第。随后，法国与西班牙两国化敌为友，共同蚕食了那不勒斯。不过，1503 年春天，法、西两国因为分赃不均而爆发战争。法军兵败而逃，而那不勒斯则沦为西班牙的领地。然而，意大利人民只享受到短暂和平的果实。法国人的离去只是一种战略，经过一段时间的休整后，法国势力重新在意大利西北部造成威胁，这迫使威尼斯、罗马教皇、西班牙、英国和瑞士组成“神圣同盟”，共同对法作战。1515 年，法国国王法兰西斯一世举兵入侵意大利，借助马里尼亚诺战役的胜利，重新夺回米兰公国。然而，不久之后，随着西班牙国王查理五世（Charles V，

法兰西斯一世在政治上建树不多，屡吃败仗，但是他对艺术的热爱促进了法国文化的发展。

1500～1558）当选为神圣罗马帝国皇帝，欧洲的战略平衡再次被打破。法、西两国为瓜分意大利半岛进行了数次战争，法国人屡战屡败。最让法国人感到耻辱的是 1525 年 2 月的帕维亚一战，法军惨败，可怜的法国皇帝法兰西斯一世被西班牙军队俘虏。第二年，法兰西斯一世被释放后，一蹶不振，不得不留在巴黎，靠荒淫放荡的宫廷生活忧愤度日。“宫中若没有淑女，就像一年里没有春天、春天没有玫瑰一样”成了他真实生活的写照。

其实，法兰西斯一世是一个雄才大略的君主。对于争强好胜的他而言，即使宫中有再多的美女也无法排解他抑郁不得志的心情。就在此时，曾经作为王室狩猎时用来休憩的小屋——枫丹白露宫，成了法兰西斯一世的最佳避风港。枫丹白露宫远离巴黎市区，四周有森林围绕，空旷、寂静又富有生命力。法兰西斯一世决定在此居住，于是命令大规模改建枫丹白露宫。据说为了卧薪尝胆，法兰西斯一世特意将这座行宫改建成意大利文艺复兴式的建筑。

建造之初，法兰西斯一世派人请来意大利的艺术家和国内外的工匠，想让他们共同打造这座行宫。宫殿建成后，雕刻与油画结合的意大利装饰艺术成了宫中一景。细木护壁、石膏浮雕和壁画相结合的装饰艺术，形成枫丹白露宫的独特风格，特别是起居室里的法兰西斯一世长廊，长 64 米，雕梁画栋，精美绝伦，被认为是枫丹白露宫内最美的艺术品。

也许郁闷与惆怅只能靠征服才能排解。1536 年，法兰西斯一世再次挑起对意大利的战争，占领了意大利半岛的皮埃蒙特和萨伏依。随后，他吸取上次战争的失败教训，联合丹麦、瑞典、奥斯曼帝国，企图彻底击溃强大的西班牙。但遗憾的是，法兰西斯一世并没有看到西班牙被彻底打败就离开了人世，被查理五世俘虏的耻辱也随之而逝。

这幅画像清楚地描绘了路易十四废除《南特敕令》的情形。

在 1525 年 2 月的帕维亚战役中，法兰西斯一世被西班牙军队俘虏。他被放回巴黎后，清静的枫丹白露宫成了他的感情寄托地。图为战争画面。

不干净的枫丹白露

法国国王路易十四（Louis XIV，1638～1715）在法国历史上享有极高的威望。在他统治时期，法国国运昌盛，文艺活动鼎盛，这段时期被视为法国的黄金时期。但是作为封建专制王权，他的局限性却也无法避免。1685 年 10 月 18 日，路易十四签署了废除《南特敕令》的法令，4 天后这个法令在枫丹白露宫被正式公布，这一敕令的废除对胡格诺教徒（Huguenot）而言，意味着噩梦即将到来。在路易十四的授意之下，法国政府和天主教会采取引诱、威迫和武力等手段，对胡格诺教徒实行全面性的“封杀”和“致命的打击”。一些人被迫“皈依”天主教，有的则被驱赶到了国外，至于“冥顽不灵者”则被屠杀或绞死。然而，《南特敕令》究竟是什么呢？

15～16 世纪，人文主义思想和加尔文教派在法国迅速散播。人文主义的杰出代表人物埃普塔尔主张“信仰得救”和“回到《圣经》上去”的论点。加尔文教派也强调“信仰得救”，否认罗马教廷的权威和封建阶级观念，主张废除繁琐的宗教礼仪，建立简化、纯洁的教会。加尔文的新教理论吸引了大批劳动阶级和下层教士，他们成了新教教徒，被称为“胡格诺派”。同时，一些对王权专制不满的贵族和觊觎王位的显贵也改信新教，最具代表性的就是以纳瓦拉（Navarre）为首的波旁王朝家族。新教势力的发展和壮大，引起了法国国王亨利二世（Henri II，1519～1559）的不安，于是，他指

被迫外逃的胡格诺教徒包括 20 万名工匠，他们的离去对法国经济是一大打击。

定特别法庭惩办异端宗教。1559 年，年仅 15 岁的法兰西斯二世继承王位，皇太后凯瑟琳摄政，但是实际掌握实权的则是皇太后的家人、声名显赫的吉斯家族。吉斯公爵和吉斯的主教查理是天主教的代表人物，他们的摄政预示着新旧教派之间的大规模冲突即将引爆。

“圣巴托罗缪惨案”幕后主使者之一，皇太后凯瑟琳。

三年以后的“瓦西镇屠杀”成为持续 30 多年的胡格诺战争的导火线。当时，胡格诺教徒们正在瓦西镇举行宗教仪式，不料吉斯公爵率领军队前去镇压，残忍地屠杀了大批手无寸铁的信徒。这一事件导致欧洲列强的介入，西班牙支持天主教派，英国、德意志和荷兰支持胡格诺派。而胡格诺教徒们也曾一度被准许拥有信仰自由，以及拥有在指定的地区举行宗教仪式的自由，但这并没有维持太长的时间。1568 年 9 月，固执的天主教派们鼓动查理九世（Charles IX）撤销宗教宽容敕令。新法令禁止胡格诺教徒举行任何宗教仪式，维护天主教会在国家政治生活中的绝对地位，规定官吏和法官必须宣誓效忠天主教会。这些法令虽导致胡格诺信徒们的反弹，但并未演变成为战争。

1572 年 8 月 23 日夜里，胡格诺派在巴黎庆祝波旁家族亨利的婚礼。但是天主教的吉斯公爵之子亨利·吉斯率领军队前来偷袭，2000 多名胡格诺教徒惨遭杀害。这次野蛮的屠杀一直持续到 24 日，由于 24 日这天是圣巴托罗缪节，因此这场惨案被称为“圣巴托罗缪惨案”。这个事件导致了法国社会的分裂，胡格诺派自行组成联邦共和国，来对抗中央政权。

为了替“圣巴托罗缪惨案”的受难者报仇，胡格诺派发动了武装起义。迫于战争压力的亨利三世（Henri III）被迫签署了《博利厄敕令》，谴责“圣巴托罗缪惨案”的屠杀行为，并同意为受难者昭雪。同时规定，除了巴黎和王室所在地以外，法国境内其他城市有权举行新教仪式，并给予胡格诺教徒担任公职的权利以及其他政治权利。这又引起了天主教派的强烈不满。1576 年，吉斯在北方组织“天主教神圣同盟”，招募军队，要求恢复王国宗教统一，挑起了新旧两派的宗教战争。次年双方妥协后签订了《贝日拉克和约》，规定解散“天主教神圣同盟”，同时限制《博利厄敕

“圣巴托罗缪惨案”中有2000多名胡格诺教徒惨遭杀害，法国社会因此出现分裂。

亨利三世签署《博利厄敕令》的行为，引起了天主教徒的强烈不满。1589年8月，亨利三世被刺身亡。

相较于凡尔赛宫的光彩夺目，白墙蓝顶的枫丹白露宫有着浑然天成的雍容韵味。

亨利四世是一位开明的法国君主，他改信天主教的举动有利于国家统一和民族和解。图为亨利四世和孩子们玩耍的场景。

令》中给予新教徒的自由和权利。

新旧两派的斗争并没有因为条约的签署而停止，反而越演越烈，最后引发了法国历史上著名的“三亨利之战”。各方首领分别是国王亨利三世、吉斯公爵亨利和波旁家族亨利。亨利三世撤销了和解的敕令。吉斯公爵亨利取得西班牙的支持，在南特重组“天主教同盟”。胡格诺教徒在波旁家族的纳瓦拉国王亨利的旗帜下应战，并得到英国和德意志新教诸侯的支持。

1589 年 8 月，亨利三世被刺身亡后，纳瓦拉国王亨利自称为法国国王亨利四世（Henri IV），但天主教派拒绝承认。亨利四世率军取得了多次胜利，并逐渐取得了战争的主动权。1594 年 3 月 22 日，亨利四世率领军队进入巴黎。但不容忽视的力量是，法国 90%以上的人口都信奉天主教。为了取得合法的国王身份，亨利四世竟改信奉天主教。

为了从法律上替法国的发展清除障碍，亨利四世颁布了“永久性”的《南特敕令》，宣布天主教为法国国教，规定胡格诺教徒享有信仰新教的自由与权利，并在担任国家公职方面和天主教徒享有同等的权利。30 多年的胡格诺战争从此结束。《南特敕令》被认为是欧洲基督教国家实行宗教宽容政策的首要范例，对于打破天主教一统天下的局面有划时代的意义。但后来路易十四的倒行逆施却是一向宣扬“自由、平等、博爱”的法国的耻辱，难怪人们把他的行为戏谑地称为“不干净的枫丹白露”。

后续支援不足和恶劣的气候是法军兵败俄国的主要原因。图为法军在冰天雪地中撤退的情景。

拿破仑的退位诏书

拿破仑一世（Napoléon I，1769 ~ 1821）是法兰西帝国的缔造者、卓越的军事家、野心勃勃的政治家。他不但加强了法国的中央集权制度，而且发动了对欧洲列强的战争，削弱了欧洲封建制度的基础。这位让法国人津津乐道的帝国皇帝，一生与枫丹白露宫结下了不解之缘。

1804 年 5 月，法国人民通过全民公决的方式，大多数人民拥护拿破仑作为法国的皇帝。1804 年 7 月 15 日，盛大的登基庆典开始[1]。拿破仑在浩浩荡荡的帝王仪仗队的簇拥下出现在巴黎市民面前。拿破仑高坐在椅子上，大臣们围坐在四周，气氛庄严隆重。主教贝洛瓦做完弥撒之后，为拿破仑戴上了王冠，伴随着“皇帝万岁”的欢呼声，拿破仑成了“法兰西帝国人民的皇帝”，史称“拿破仑一世”。

---

[1] 一作 1804 年 11 月 6 日，公民投票通过共和十二年宪法，法兰西共和国改为法兰西帝国，拿破仑·波拿巴为法兰西人皇帝，称为拿破仑一世。见：《中国大百科全书》（第二版），中国大百科全书出版社，2009 年 3 月第 1 版第 1 次印刷，第 16 册，第 324 页。

拿破仑登基以后，派人与教廷协商，劝诱教皇前来法国为自己加冕，以了却自己的心愿。他自认应该像查理大帝一般，统治四方。但是1000年前的查理大帝是在罗马城接受教皇加冕的，而拿破仑则要求罗马教皇亲自到巴黎来为自己加冕。教皇庇护七世（Pius VII）获悉此事后，极为气愤和不安。然而，当时罗马处在意大利北部和中部的拿破仑军队威胁下，经过审慎考虑之后，教皇决定同意拿破仑的要求，亲赴巴黎。拿破仑下令，在教皇途经法国的路上，各地必须以最隆重的礼仪迎驾，而他自己则前往枫丹白露宫迎候“圣父”。

11月2日，庇护七世一行从罗马出发前往巴黎。20天后，教皇一行经过奈姆斯城，他们遵照安排在此停留一夜。次日清晨，教皇登上了早已静候于此的马车，在欢庆声中驶向枫丹白露宫。天不凑巧，车子在阴冷的雨水中驶进了一片树林。这时，在林中宽阔的广场上，拿破仑身着猎装、端坐在马上迎候。年迈的教皇不顾舟车之劳，急步下车。此时的拿破仑仍然保持着皇帝的尊严，缓身下马，走上前去，与庇

为了取得教会的支持，拿破仑派人劝诱罗马教皇来法国为自己加冕。图为拿破仑在迎候教皇前往枫丹白露宫的场面。

1814 年 4 月 20 日，在枫丹白露宫的白马广场上，拿破仑一一拥抱了追随他十多年的禁卫军。

护七世轻轻拥抱，寒暄着走向拿破仑已经安排好的御驾，随后直奔枫丹白露宫。

车队驶进宫后，教皇随即被人引进皇太后宫中小住。次日，拿破仑和教皇谈妥了加冕仪式的有关细节后，决定在巴黎圣母院举行盛大的加冕仪式。12 月 2 日上午，加冕仪式开始前，教皇一行人先行进入圣母院，开始祈祷，静候皇帝的到来。不一会儿，拿破仑在仪仗队的簇拥下步入教堂。

当做完弥撒的教皇正准备将皇冠戴在拿破仑头上的时候，让他意想不到的是，迫不及待的拿破仑竟伸手接过皇冠，自己戴在头上。接着，他又拿起一顶小皇冠戴在皇后的头上。就这样，拿破仑圆了自己的心愿。

1814 年，法国巴黎在俄普奥联军的进攻下沦陷了，枫丹白露宫成了拿破仑的指挥中心。为了夺回失去的皇权，拿破仑决定借着和联军谈判的时机，调度本土以外的部队回国，以拯救巴黎。但让他气恼的是，法国的参议院已被联军控制，宣称拿破仑已丧失帝位，同时废除过去确立的拿破仑家族的继承权。

大势已去的拿破仑，不得不做出一生中最为痛苦的决定——下诏退位。

厄尔巴岛上的波托费拉约官邸威严而又庄重，却难以承载拿破仑的雄心和梦想。

“鲤鱼池”一景。

枫丹白露宫里的皇室图腾。

枫丹白露宫的室内景。

4 月的枫丹白露宫庄严而肃穆。曾经驰骋沙场、战功显赫的拿破仑在他的将帅们面前，艰难地宣读了退位诏令：“为了国家的利益和帝国法律，我愿意退位，离开法国，甚至献出自己的生命。”11 日，憔悴的拿破仑在联军已经准备好的《枫丹白露条约》上签下了自己的名字。条约规定：拿破仑皇帝及其家族放弃对法兰西帝国、意大利王国和其他国家的一切主权和统治权；拿破仑可以终身保留皇帝的称号，其家族成员保留亲王的称号；拿破仑完全拥有厄尔巴岛（Elba）的主权以及所有权。

1814 年 4 月 20 日，在枫丹白露宫的白马广场上，拿破仑与追随他十多年的禁卫军们举行了沉重的告别仪式。他和战士们一一拥抱，吻别旗手和军旗后，迈着坚定的步伐走出他钟爱的枫丹白露宫，坐上在门口等候已久的马车。车队在禁卫军“皇帝万岁”的口号声中缓缓离去，驶向厄尔巴岛。

关于枫丹白露宫的历史大事

年代	关于枫丹白露宫	历史大事记	文化与社会
1137 年	枫丹白露宫最早是由路易六世修建的城堡，供路易六世打猎和休憩之用。	宋高宗为了与金议和，派王伦出使金国。	/
1169 年	路易七世扩建宫殿规模。	/	宋朝廷为纪念岳飞的忠贞爱国，在鄂州（今湖北武昌）为他建庙。
1525 年	法皇法兰西斯一世在帕维亚一战中被俘，第二年被释回法国后，枫丹白露宫成了他卧薪尝胆的最佳避风港。	巴布尔建立莫卧儿帝国，首都设于德里。 莫卧儿帝国在印度建立。 匈牙利重回哈布斯堡王朝版图。	丢勒完成《四圣图》。 海·博伊斯发表《苏格兰史》。 马罗发表《给友人莱·雅梅的书简》。
1530 年	法兰西斯一世整建枫丹白露宫，并兴建法兰西斯一世长廊。	因法兰西斯一世的赞助，布德建立“法国中学”。	意大利画家安德烈亚·德尔·萨尔托逝世。
1685 年	10 月，路易十四在枫丹白露宫正式公布废除《南特敕令》的法令。[1]	法国取消《南特敕令》，导致大批胡格诺派教徒逃往外国。	作曲家亨德尔诞生。 作曲家巴赫诞生。 1687 年，牛顿在《自然哲学的数学原理》中提出了万有引力定律。

[1] 一作 10 月 17 日，路易十四废除《南特敕令》。见：《外国大事年表》，上海辞书出版社，1997 年 6 月第 1 版第 1 次印刷，第 307 页。

（续表）

年代	关于枫丹白露宫	历史大事记	文化与社会
1804 年	拿破仑加冕典礼的前一晚，教皇庇护七世就歇息在枫丹白露宫。	拿破仑称帝，建立法兰西第一帝国，并颁布《拿破仑法典》。	俄国“歌剧之父”格林卡诞生。 华兹华斯发表《坐于西敏桥上》。
1814 年	法国巴黎在俄普奥联军的进攻下沦陷，枫丹白露宫成了拿破仑的指挥中心。 4 月，拿破仑在枫丹白露宫宣读了退位诏令。	拿破仑被迫退位，并被放逐于地中海上的小岛厄尔巴岛，仍保有皇帝称号。 路易十八成为法国国王，波旁王朝复辟。 维也纳会议召开。 1811 年，巴拉圭独立。	前一年，德国作曲家瓦格纳诞生。 法国巴比松画派画家米勒诞生。
1921 年	法国成立国家城堡博物馆。	1921 年—1922 年召开华盛顿会议。 意大利法西斯党成立。 美国颁布《移民法》。 哈定就任美国第 29 届总统。	杜尚发表众多超现实主义作品。 胰岛素发明成功。 法国作曲家圣 - 桑逝世。

法国 · 巴黎

爱丽舍宫

ELYSEE PALACE

频繁更换主人的美丽礼物

当初是以伯爵府第来设计的爱丽舍宫，无论气势或奢华都难以与皇室宫殿相比，但它却引起了路易十五的情妇蓬帕杜尔侯爵夫人的注意。从此之后，在法国诡谲的政治斗争中，爱丽舍宫不断地更换着主人，也静观着时局的改变。

戴佛罗大厦

典雅的爱丽舍宫坐落在巴黎市中心——香榭丽舍大道的圆形交叉路口东北，是法兰西辉煌的文化象征。宫殿主体是一座由大石块砌成的两层楼，主宫左右对称，两翼是平台，中间环抱庭院，大方得体。幽静、秀丽的花园位于宫殿的后面。宫内金碧辉煌，晶莹剔透，厅室墙上都用镀金细木装饰，可见当时主人的富有与品位。在宫内墙上挂着著名的油画作品和精致的挂毯，十分好看。宫殿内还保留着17至18世纪雕刻的镀金家具和名贵的座钟，俨然是一座艺术博物馆。

爱丽舍宫所处的地权，最初为建筑学家克劳德·莫莱所有。1718年，他将此地卖给戴佛罗伯爵亨利，并接受戴佛罗伯爵的委托，负责对这里进行规划设计。当时，正是法国封建社会的鼎盛时期，启蒙运动已经开始，文化艺术的展现方式大多将感性奢华和理性智慧融于一体。而莫莱本人也是集浪漫主义与古典主义风格于一身的建筑学家，他的作品不仅蕴含了他的个性，也是当时艺术文化风格的写照。1720年，戴佛罗伯爵对完工的建筑非常满意，并将其命名为戴佛罗大厦。由于戴佛罗大厦最初是按照伯爵的府第规格来设计的，无论气势或奢华都难以与皇室宫殿相比，但建筑本身的设计风格以及所营造的清静幽雅的氛围，却吸引了法国国王路易十五的情妇——蓬帕杜尔侯爵夫人的注意。

1718年，戴佛罗伯爵买下了如今香榭丽舍大道的一块地方，并委托克劳德·莫莱重新做规划设计。图为戴佛罗伯爵亨利。

蓬帕杜尔侯爵夫人本名叫让娜－安托瓦妮特·普瓦松，出生在一个中产阶级绅士的家庭里，母亲是巴黎有名的美人。让娜少年时就兴趣广泛，尤其喜欢绘画、音乐、文学、哲学等。另外，精致细腻的瓷器对她也充满着吸引力。良好的家庭教育，使让娜的童年生活丰富多彩。

让娜长大之后，变成了亭亭玉立、秀美可人的才女。虽然她身体有点虚弱，但她既浪漫而又多情。不过命运弄人，让娜在嫁人后并不幸福，初为人母的她无法体会做母亲的幸福，两个女儿双双夭折。为了排解内心的郁闷，让娜参加了巴黎上层社会的沙龙聚会，她的多才多艺成了无可替代的优势。她所主持的沙龙聚会迅速成为巴黎的时尚典范。巴黎的名流常以参加她的聚会为荣，也因此引起了法国国王路易十五（Louis XV，1710～1774）的注意。

路易十五虽然缺乏治国的谋略，却长得十分英俊，性情也极为风流。集权势与风度于一身的路易十五，对让娜具有强烈的吸引力。在一次路易十五特意举办的宫廷宴会上，两人相识并成为恋人。

为了使两人的关系更为合理，路易十五册封让娜的丈夫为蓬帕杜尔侯爵，让娜自然也就成为蓬帕杜尔侯爵夫人，从此凡尔赛宫成了侯爵夫人的另一个家。但凡尔赛宫毕竟有诸多不便，于是侯爵夫人就买下了心仪已久的戴佛罗大厦。无论是举办沙龙聚会，还是与路易十五秘密约会都十分方便。侯爵夫人按照自己的风

路易十五风流潇洒，对异性具有强烈的吸引力。

浪漫而又多情的蓬帕杜尔侯爵夫人。

路易十五在宫廷宴会上和让娜相识。

格和品位对大厦重新进行修整，而名贵的艺术品、精美的珠宝和瓷器都成为必需的装饰。值得一提的是，路易十五甚至动用国库资金来满足侯爵夫人的欲望。当时的戴佛罗大厦成了名副其实的富奢之宫。

由于蓬帕杜尔侯爵夫人对艺术的偏爱和执着，因此吸引了当时许多欧洲有名望的画家、音乐家、诗人和哲学家，其中包括伏尔泰、卢梭等人，间接推动了法国文艺的发展。侯爵夫人也时常赞助文艺演出，由于她的特立独行和桀骜不驯，使一些当时极具争议性的戏剧得以上演。在她的推动下，不仅促进了法国戏剧文化的蓬勃发展，也奠定了法国以文化来抵御外来文化的基础。

1764 年，蓬帕杜尔侯爵夫人因病逝世。这位“多才情妇”能够让路易十五如此着迷，十多年痴情不改，可见其深厚的艺术涵养和迷人的女性魅力。之后，戴佛罗大厦归路易十五所有，但是人去楼空的戴佛罗大厦对他已无意义。因此，1773 年，路易十五把戴佛罗大厦卖给了金融家博让。

不祥的政治婚姻

1786 年，屡战屡败、债台高筑的路易十六（Louis XVI）动用税款买回戴佛罗大厦，并让建筑师尼古拉斯·本恩对大厦进行大规模的扩建，对大厦内部进行装修改造，使其成为当时巴黎的“最佳居所”。第二年，路易十六将戴佛罗大厦卖给了他的表妹波旁公爵夫人，戴佛罗大厦从此改名为波旁大厦。波旁公爵夫人再次对大厦进行了装修。由于公爵夫人的考究，波旁大厦被装修为“田园风格”，尤其是花园被重新修整后，显得更为开阔。美术馆的一部分也被公爵夫人改建成卧室，这里曾经是拿破仑三世的藏书馆。但是这一切改变并不能掩饰法国社会内部的矛盾，法国大革命的引爆早已箭在弦上。

路易十六的妻子玛丽·安托瓦内特出身于奥地利皇室，父亲法兰西斯一世是神圣罗马帝国的皇帝，母亲是奥地利女王玛丽亚·特利莎。1766 年，这位 11 岁的奥地利公主被许配给未来的法国国王路易十六，其目的就是为了结束奥、法两国长年的战争。3 年后，当时的法国国王路易十五写信给奥地利女王特利莎，约定他的孙子和小公主的婚礼在来年举行。1770 年，在盛大的皇家婚礼的仪式上，身为母亲的特利莎皇后内心却高兴不起来。母亲的本能告诉她，小公主有可能会成为政治婚姻的牺牲品，毕竟小公主年龄太小，阅历不足，而且皇室生活早已使小公主变得骄奢任性。

尼古拉斯·本恩对戴佛罗大厦进行改造，使其成为当时巴黎的“最佳居所”。

远嫁法国后，由于路易十六的无能，年幼的皇后不得不独自处理许多宫中事务。由

波旁公爵夫人。

玛丽皇后的母亲特利莎女皇，在玛丽远嫁法国时就察觉到，女儿有可能成为政治婚姻的牺牲品。

行刑前的玛丽皇后曾被关押在这个监狱。

于缺乏经验，做事不够老练，玛丽皇后因此得罪了不少人。而且，生性贪玩的她还经常变装出宫，到歌剧院结交新朋友，于是皇后的私生活就成了巴黎街头人们茶余饭后的话题。甚至，玛丽皇后腹中的孩子也被反对派污蔑为野种。对于宫廷内外的传言，玛丽皇后置若罔闻。由于赋税太重，人民的生活艰苦，愤怒的人们企图通过暴动赶走玛丽皇后。当有人把巴黎人们因没有面包而准备暴动的消息告诉玛丽皇后时，她竟然反问道，“他们为什么不吃蛋糕？”皇后的无知由此可知。

1789年至1794年法国大革命，路易十六被送上了断头台。为了博取同情，他高喊：“我是清白的，我原谅我的敌人。”但已于事无补，路易十六已让法国人民感到彻底的失望。随着路易十六人头落地，法国的君主专制也宣告灭亡。随后，玛丽皇后也被送上了断头台。

革命胜利之后，国民议会发表了《人权宣言》，废除了阶级制度。法国人民开始拥有言论、新闻和宗教的自由，并行使民主权利。在这场革命的洪流中，波旁大厦被没收成为公产，取名“爱丽舍”，意思是“天国的乐土”，这个浪漫的法国名字从此被确立下来了。

“变色龙”缪拉的政治谋算

随着法国政治局势的变化，爱丽舍宫也在不断地更换着主人。拿破仑加冕称帝之后，爱丽舍宫被他的妹夫缪拉买下，爱丽舍宫又重新恢复了昔日的荣耀。原来的艺术品收藏室被改成卧室，宴会厅则被安排在西侧。缪拉和爱妻卡洛琳住在其中一栋独立的建筑内，主楼的两层供孩子使用。就这样，爱丽舍宫成了缪拉全家的幸福住所。后来，缪拉被拿破仑封为意大利那不勒斯国王，为了报答拿破仑的信任与厚爱，缪拉就把爱丽舍宫当作礼物送给了拿破仑。表面看来，缪拉是一个知恩图报的“君子”，事实上却是一个难以察觉的“变色龙”。

身材匀称、举止文雅的缪拉出生在一个并不富裕的农家。他曾当过牧师，20岁时就加入法国轻骑兵，逐渐得到了拿破仑的器重。1795年10月，拿破仑命缪

1806年，安格尔绘《王座上的拿破仑一世》，将手持查理五世权杖的拿破仑表现得英气十足，栩栩如生。

缪拉骑马像。

拉携带40架大炮赶赴巴黎，平息保皇党的暴动，缪拉不但及时赶到，并且果断地将叛军击退。他的出色表现得到了拿破仑的认可，他随即被提拔为副官，和拿破仑一同参加了1796年至1797年的意大利战役。由于他指挥得当，作战有方，拿破仑曾评价说：“在战场上他指挥的20个人抵得过敌人的一个团。”4年后，在埃及的阿布基尔城堡之战中，缪拉率军攻城，亲手虏获土耳其司令。返回法国之后，缪拉还参与了“雾月政变”。缪拉这一连串的战绩赢得了拿破仑的赞赏与信任。1800年1月，拿破仑将自己最小的妹妹卡洛琳许配给缪拉，从此缪拉的运势扶摇直上。

可到了后来，随着拿破仑帝国霸业的衰微，缪拉的本性渐渐显露出来。1812年，拿破仑率领50万大军远征俄国，直捣莫斯科城。进军途中，俄国严寒的天气和当地民军的反抗阻止了法军的前进。年底，法军抵达莫罗帝诺以后，拿破仑开始为回国做准备。但是在军事指挥权的问题上，拿破仑却斟酌再三。他的部下科兰古将军认为缪拉虽然英勇善战，但缺乏坚强的个性，目光短浅，纪律性不强且存有私心，因此主张任命欧仁亲王担任统帅，更何况俄国战场上的军队急需整合，以重建军队信心。

不过，拿破仑并没有听取科兰古的建议，因为在拿破仑看来，缪拉的职位和军衔不可能使他听命于欧仁，如果将权力交给欧仁，缪拉必会离开军队，扰乱军心。随后，拿破仑召集高级将领开会，宣布了他要回国的决定，以组织30万新军来对付反法盟军的更大进攻，并严格要求保密，以免影响军队士气。同时，他任命缪拉元帅担任总指挥。当天夜里，拿破仑一行人坐上雪橇，秘密返国。留守俄国的法军，在缪拉的指挥下继续抵抗，但在战略要地维尔纳失守之后，法军变成了惊弓之鸟，溃不成军。身为军队统帅的缪拉见此情景，临阵脱逃，溜回他的王国——那不勒斯。拿破仑获悉此事之后，气愤地说："在战场上，当他面对敌人的时候是最勇敢的人，这是无人能比的，但除此之外他却是个蠢夫。"

接下来的莱比锡战役，似乎更能证明缪拉的本性。1813 年，欧洲第六次反法同盟成立，拿破仑率 40 万大军应战。10 月，史称"民族会战"的莱比锡大战开始了，联军在炮火的掩护下，逐渐向莱比锡逼近。拿破仑亲自督战，缪拉挥刀冲锋在前，但是法军由于步兵不济，被迫放弃了一部分已经占领的阵营。法军开始渐渐失去战争的主控权，拿破仑率领残兵败将且战且退。就在这关键时刻，缪拉居然向拿破仑提出要回那不勒斯的想法，失望至极的拿破仑麻木地接受缪拉的辞行，率领残军继续战斗。

莱比锡战役失败后，各附庸国及诸小邦乘机起义，企图摆脱法国的控制，拿破仑陷入了四面楚歌的窘境，他的精神支柱开始倒塌。拿破仑的兄弟西班牙国王约瑟夫被赶出了伊比利亚半岛，他的弟弟威斯特伐利亚国王热罗姆也从卡塞尔出走。更让拿破仑心寒的是，多年跟随他南征北战的妹夫那不勒斯国王缪拉也背叛了他。缪拉为了确保自己在那不勒斯的王位，早已与盟国秘密联系，并和英国政府达成协议：盟国可以确保缪拉在那不勒斯王国的利益，前提是缪拉必须与拿破仑做决断。通过协定，盟国达到了瓦解法军的目的。

缪拉的妻子和孩子们。

拿破仑得到缪拉叛变的消息以后，沮丧地说："不，这不可能。我把妹妹嫁给了他，并赐给他王位，他怎么会背叛我呢？"但事实的确如此。拿破仑退位后，缪拉并没有得到盟国的信任，他

在 1796 年至 1797 年的意大利战役中，缪拉被任命为骑兵指挥员。

拿破仑考虑再三后，把军队的指挥权交给了缪拉。图为莫罗帝诺战役中缪拉（较高处）正在对属下面授机宜。

1814 年 3 月 31 日，反法同盟在沙皇亚历山大的率领下进入巴黎。

之后被奥地利军队打成了阶下囚。

爱丽舍宫，这个看似是“知恩图报”的礼物，却仅仅是作为“变色龙”图利的工具。

百年总统居所

路易十八（Louis XⅧ）政权复辟后，于1820年将爱丽舍宫占为己有，并用来招待莅临巴黎的外国政要。但是随着法国资产阶级大革命的爆发，爱丽舍宫又有了新的主人，即拿破仑一世的侄子，史称拿破仑三世的路易·拿破仑·波拿巴。

1848年2月22日，法国二月革命的胜利促使资产阶级组成临时政府，而他们对劳动阶级的恐惧，给了路易一个机会。对他们而言，法国的统治阶级需要一个像拿破仑一样的强悍人物来维护自身的利益，于是路易·拿破仑·波拿巴被推上了历史的舞台。

路易·拿破仑·波拿巴当选总统后，强迫国民大会通过决议让他搬进爱丽舍宫居住。因为对路易·拿破仑·波拿巴而言，既然拿破仑是在此退位，那么他就应该在此继续带领法国人民重获辉煌。在他入住爱丽舍宫期间，花园是对民众开放的。

1848年的法国二月革命的胜利，把路易·拿破仑·波拿巴推上了历史的舞台。

1852年12月，经过一段独裁的统治时期后，路易先发动政变，解散了立法议会，并逮捕一切反对他的议员。然后，他又以暴力镇压巴黎民众，并通过公民投票和政变当上皇帝，号称拿破仑三世。于是，爱丽舍宫被改为皇宫，成为集权与专制的象征。

1852年，拿破仑三世搬进杜伊勒里宫，

1852 年，拿破仑三世搬进了杜伊勒里宫，皇后则仍住在爱丽舍宫。图中为皇后欧仁妮。

皇后欧仁妮则仍然住在爱丽舍宫内。拿破仑三世命令建筑师杰斯甫·尤金·勒瓦塞特对爱丽舍宫进行改造，现在的爱丽舍宫，就是1867年改建完成后的样子，呈现了更为多元和包容的面貌。当年拿破仑三世在此接待了俄国沙皇亚历山大二世、奥地利君主腓特烈和土耳其苏丹。

为了重振拿破仑一世的雄风，树立自己的威望，拿破仑三世决定走向军事强国之路，侵略和扩张是他的首要目标。为了击败英国，控制全球海上航路，他大力支持建设苏伊士运河和巴拿马运河，结果让法国人民背上了沉重的财政负担。在亚洲，1856年拿破仑三世与英国发动对中国的第二次鸦片战争，大肆掠夺。汇集中外建筑艺术于一身的圆明园，被英法联军洗劫一空并付之一炬。

1870年法国在色当战役中败给了普鲁士，拿破仑三世流亡英国。在巴黎公社的运动中，爱丽舍宫成为运动的指挥中心，因而幸免于难。1873年5月，麦克马洪伯爵当选法国总统，不到一年就让全家搬进了爱丽舍宫。从此，爱丽舍宫成为法国历届总统的居所，默默聆听法国历史前进的脚步声。

法国的时尚推手们

“太阳王”路易十四统治法国长达72年之久，是世界上执政时间最长的君主之一。他不仅缔造了法国封建史上最鼎盛的时期，同时也因为他在宫廷里掀起了一股奢华之风，并把这股风气吹遍了整个法国大地，从而成就了法国的时尚霸主地位。

据传身高仅156厘米的路易十四，不仅衣着光鲜，喜欢戴蓬松的假发，还热衷于穿丝袜与高跟鞋。有人把他叫作“穿着高跟鞋离开世界的国王”。他非常讲究戏剧性的仪式感，借以突显他的威望与尊贵。从以恢宏奢华而举世闻名的凡尔赛宫，到富丽堂皇的宫殿里没日没夜极尽奢华的宴会，便可以想象，他们的穿着是多么华丽，而当时引领法国时尚风潮的，非路易十四莫属。

据说当鞋匠第一次将高跟鞋送到国王面前时，路易十四便露出久违的笑容，他兴奋地穿上高跟鞋，在地上来回地走着，感觉自己长高了不少，似乎更具自信与权威。路易十四还命鞋匠把鞋子的跟部漆成红色，以显示自己尊贵的身份。从此，高跟鞋成了时尚的象征。

当鞋匠第一次将高跟鞋送到路易十四面前时，国王便露出了久违的笑容，他兴奋地穿上高跟鞋，在地上来回地走着，感觉自己长高了不少，似乎更具自信与权威。

到了18世纪的法国，出现在肖像画里最多的人物，应该就是路易十六的皇后玛丽和路易十五的情妇蓬帕杜尔侯爵夫人。那时是一个和平而且经济蓬勃发展的时代，丰富的生活情趣让洛可可文化呈现出优美、凝练、精致、优雅的贵族气息。蓬帕杜尔侯爵夫人是法国国王路易十五的情人，也是当时最具人气、最漂亮的女性，当时许多著名的画家都曾经为她绘制过肖像画。

蓬帕杜尔侯爵夫人有着丰富的文学素养和无人能及的艺术审美观。当时由她主持的文艺沙龙，更是文艺界天才们的汇聚之所，引领着法国的文化与时尚潮流。

除了优雅端庄之外，蓬帕杜尔侯爵夫人也是一个热爱读书的人，从她死后的财产清单里，除了有数量众多的宝石衣饰之外，同时也有多达3525册的丰富藏书，从这些书上我们可以看出她经常翻阅的痕迹。令人赞叹的是，这些书并非是女性喜欢阅读的故事书或小说之类，而是诗歌、哲学、历史、传记和语法类的书籍。大多数人都认为她之所以拥有能够支配皇权的力量，是因为她突出的美貌，但与其说是因为她的美貌，还不如说是因为她有着丰富的文学素养和无人能及的艺术审美观。当时由她主持的文艺沙龙，更是文艺界天才们的汇聚之所，引领着法国的文化与时尚潮流。

到了19世纪拿破仑三世时期，这位法国的第二任皇帝非常喜欢以往法国王室的奢华感，于是将盛大华丽的宴会形式直接带进政治场。为了帮助丈夫达到这样的目的，美丽的皇后欧仁妮扮演着非常重要的推手角色。皇后为了出席夜夜笙歌、极尽奢华的各种宴会，即使是新做的衣服，也绝对不会穿第二次。结果，皇后周围的贵妇们也不断地订制新衣服。

这些贵妇们的衣服，不仅有宴会时穿的，还细分为早晨穿的、散步穿的、下午穿的、晚餐时穿的和晚宴时穿的，而这个时代的贵妇们，认为每做一件事就换一件衣服才够时尚。此外，与服装搭配的帽子、手套、披肩、珠宝首饰等，也同

拿破仑三世时期，欧仁妮皇后不仅是当时时尚的领导者，更是让巴黎成为时尚之都的重要推手。

样花样繁多、价值不菲。

当时皇后御用的设计师沃斯，就在这个时期（1857 年），在巴黎创设了他的高级订制服装店，这是世界上第一家高级订制服装店，专门应付那些从欧洲各地的宫廷里如雪片般飞来的高级服饰订单。沃斯设计的服装有多华丽和精致，从欧仁妮皇后的肖像画作品中就能窥其盛况。欧仁妮皇后不仅是当时时尚的领导者，更是使巴黎成为时尚之都的重要推手。

关于爱丽舍宫的历史大事

年代	关于爱丽舍宫	历史大事记	文化与社会
1718 年	建筑学家克劳德·莫莱将此地卖给戴佛罗伯爵亨利，并接受戴佛罗伯爵的委托，对这里进行规划设计。	第二次奥土战争结束。 东普鲁士废除农奴制度。	1715 年，作曲家亨德尔创作《水上音乐》。
1720 年	原建筑装修落成，并被命名为戴佛罗大厦。[1]	次年，瑞典与俄国签订《尼斯塔特和约》，瑞典割让立窝尼阿、爱沙尼亚、卡累利河等地给俄国。从此，瑞典昔日在北欧的霸权为俄国所取代。	法国启蒙运动开始。
1753 年	蓬帕杜尔侯爵夫人买下了这座大厦。	墨西哥独立之父伊达尔戈诞生。	1751 年，《百科全书》开始出版。
1773 年	路易十五把戴佛罗大厦卖给了金融家博让。戴佛罗大厦几经换手后，成为波旁公爵夫人的资产，并被改名为波旁大厦。	发生波士顿倾茶事件。	清政府设立四库全书馆，负责《四库全书》的编纂。
1793 年	法国大革命爆发后，这座大厦被没收为公共财产，改名为爱丽舍宫。	俄国和普鲁士第二次瓜分波兰，俄国取得西乌克兰和立陶宛大部分地区，普鲁士取得大波兰和但泽。	中国最早的天文馆建成。

[1] 一作建于 1718 年，当时名戴佛罗大厦。见：《辞海》（第六版缩印本），上海辞书出版社，2010 年 4 月第 1 版，2016 年 2 月第 11 次印刷，第 20 页。

（续表）

年代	关于爱丽舍宫	历史大事记	文化与社会
1805 年	拿破仑的妹夫缪拉买下了爱丽舍宫，3 年后，他被封为意大利那不勒斯国王，便把这座宫殿送给了拿破仑。	次年，拿破仑撤销神圣罗马帝国，将德意志地区改组为莱因邦联，并公布《柏林敕令》，以大陆体系封锁英国。	德国诗人、剧作家席勒逝世。 丹麦作家安徒生诞生。 贝多芬歌剧《费德里奥》首演。 清朝宰相刘墉逝世。
1815 年	拿破仑一世“滑铁卢战役”大败之后，曾在此签订降书逊位。	拿破仑从厄尔巴岛返回法国，但旋即又被第七次反法同盟击败。 拿破仑被放逐于大西洋的圣赫勒拿岛。 波兰再度被瓜分，由俄国皇帝兼任波兰国王。	雪莱发表《阿拉斯特》。
1816 年	路易十八把爱丽舍宫送给他的侄子贝里公爵，就是后来的法国国王查理十世的儿子。	阿根廷独立。 伦敦发生暴动。 1818 年，智利独立。	英国小说家夏洛蒂·勃朗特诞生。
1848 年	法兰西第二共和国决定将爱丽舍宫作为共和国总统的官邸。但不久之后，爱丽舍宫又变成外国国王居住的宾馆。英国维多利亚女王、俄国沙皇亚历山大二世等都作为国宾在此下榻。	马克思和恩格斯共同发表《共产党宣言》。 法国二月革命爆发。 瑞士改行联邦制，各州合并为联邦制国家，称瑞士联邦。 路易·拿破仑·波拿巴继任法国总统。	意大利作曲家董尼才悌逝世。 瓦格纳发表歌剧《罗恩格林》。 乔治·桑出版《小法岱特》。 杜米埃出版《歌唱大师》。 麦考莱出版《英国史》。
1873 年	法兰西第三共和国宣布爱丽舍宫正式成为共和国总统官邸。 第二次世界大战中，巴黎陷落，维希政府废除了总统职务，爱丽舍宫一度没落。	西班牙第一共和国建立。	凡尔纳出版《八十天环游地球》。 巴枯宁发表《国家制度与无政府状态》。
1947 年	法兰西第四共和国总统奥里奥尔入住之后，爱丽舍宫重新恢复生机。直至今日，爱丽舍宫一直是法国的总统府。	英国公布蒙巴顿方案，确立印巴分治。 印度和巴基斯坦独立。第一次印巴战争开始。 克什米尔战争爆发。 次年，联合国发表《世界人权宣言》。	画家博纳尔逝世。 福特汽车公司创办人亨利·福特逝世。 德国物理学家普朗克逝世。 首颗晶体管问世。

希腊 · 克里特岛

克诺索斯宫

KNOSSOS PALACE

未知文明的宫殿传奇

欧洲3000年来最古老的御座、高水平的绘画、泥板上的未知文字——一个符号，牵引出一条未知文明的线索。从神话传说到强盛的国家发展，克诺索斯宫让人们认识米诺斯文化，甚至由此追溯到欧洲历史的源头。

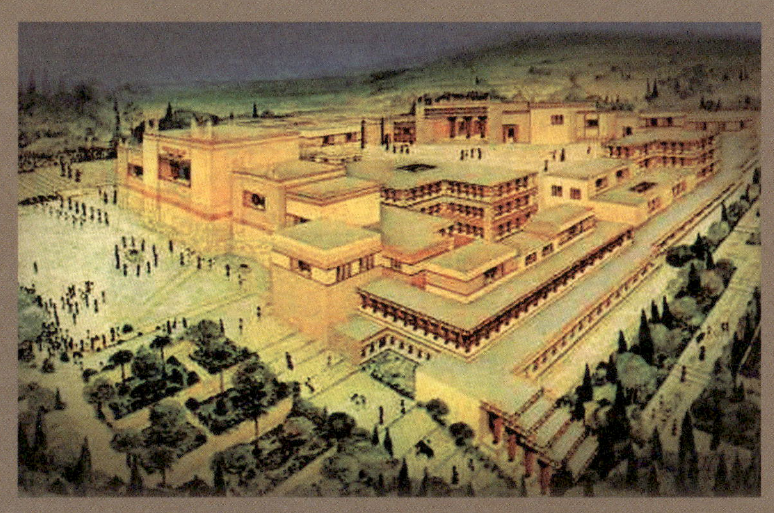

发现新文明遗址

1883 年，考古学家阿瑟 • 埃文斯去探望他的伙伴，特洛伊与迈锡尼文明的发现者——施里曼。茶余饭后，施里曼得意地向埃文斯展示他在迈锡尼最新发现的文物。但是生性敏锐的埃文斯凭直觉发现那些石雕上的许多符号和图案，似乎不属于迈锡尼文化和希腊文化，反倒有点像埃及的象形文字。而那些坛罐上的符号，更是深不可测，十分神秘。埃文斯进一步观察后认为，这些印石上的图案，传递出或许比迈锡尼文明更早的信息，甚至极有可能是一个未知文明的线索。他大胆推测，这些符号标志着欧洲文字的源头。这些疑惑引起埃文斯对克里特岛考古的兴趣，从而揭开了世界上最久远的宫殿——克诺索斯宫的神秘面纱。

1851 年，埃文斯出生于英国的一个小村庄。父亲是当地一个有名的造纸商，家庭环境优渥。埃文斯从小就接触到许多珍奇的古文物，并收集了许多有价值的古董。青年时代，埃文斯在英格兰的牛津大学和德国的哥廷根大学读书。毕业以后，他前往东欧旅行并在那里结婚成家。后来他回到英国，担任牛津大学阿什莫尔艺术和考古学博物馆的馆长。在他担任馆长的 25 年里，埃文斯凭着他的专业以及对考古学的热情，让阿什莫尔博物馆，成为世界级博物馆的典范。但是对埃文斯而言，刺激冒险的实地考古远比坐在办公室里更能实现他的人生价值，于是他就带着对施里曼家中文物的疑问上了路。

考古学家埃文斯。

几年之后，埃文斯的足迹踏遍了地中海东部，搜集了大量类似的印石。幸运的是，来自雅典、开罗的商人告诉他，这些印石是从遥远的克里特岛来的。商人们的提示一下子解开了埃文斯心中困惑已久的结。他知道在克里特岛

克诺索斯宫壁画，图为参加庆典队伍中的一景。

刻有迈锡尼线形文字 B 的书板。这是希腊文字最古老的形式，主要用来登记宫廷的财物以及仓库的物品。

北边海岸附近有一个大型宫殿遗址——克诺索斯宫。但是人们普遍认为那只是一个美丽的传说而已，更没有人知道地底下会藏着克诺索斯宫的秘密。埃文斯因此决定亲自到克里特岛去探个究竟。

1894 年，埃文斯第一次来到了克里特岛，他吃惊地发现商店里摆满了各式各样的古代雕刻印石，就连农人脖子上的装饰也是这样的古刻印石。为了更方便研究，他决定斥巨资买下这片土地。1900 年，埃文斯拿到了克诺索斯宫遗址的所有权，并雇请当地人进行挖掘。

开挖的第一天，他们首先发掘出了一道长长的走廊。走廊通往一排储藏室。每间储藏室都放有盛装油类的瓷坛和一些艺术品。第二天，他们便发现一堵有壁画的墙和画有图案的石膏作品，虽然这些作品因年代久远并深埋地下，已经褪色和破损，但仍然可以辨认并想象其原貌。到了第四天，他们挖掘出御座之室，里面竖立着米诺斯王的宝座——欧洲 3000 多年来最古老的御座。第五天，他们发现一片埋满石器的遗址，文物古董堆积如山，有数百枚雕刻印石、花瓶、陶罐和泥板。惊喜之余，埃文斯因此推断：米诺斯文明的全盛时期至少可以追溯到迈锡尼时期之前。

泥板上面刻着两种未知文字，埃文斯称它们为“直线 A”与“直线 B”，因为这些文字都是由直线构成的。他认为“直线 A”是米诺斯语言的书写形式，而“直线 B”是迈锡尼语言的书写形式。他花了数十年时间，试图译出这些文字所代表的含

克诺索斯宫遗址。

义，却没有成功。

1952 年，一位名叫迈克尔·文突斯的英国建筑师，提出了破解“直线 B”意义的方法，他能把“直线 B”的符号与希腊语中的词汇联系起来，证明这种由“直线 B”表达的文字（迈锡尼人的书写形式）是现代希腊文的前身。这个惊人发现震撼了学术界。另一方面，语言学家和解密专家尚未成功解开关于“直线 A”所代表的意义。

在出土的另一组壁画中，是一幅真人大小，拥有一头黑发，优雅地缠着白色条纹腰布的人像。埃文斯曾在埃及见过类似的图画，埃及人把这种造型的人称为“岛人”。埃文斯确信，“岛人”与克诺索斯王宫的建造者有关联。

随着考古工作的进行，克诺索斯宫的原貌被显现出来。宫殿总面积达 22000 多平方米。宫殿坐落在凯夫拉山麓，主体为两层建筑，低坡地的东宫是四层楼，共拥有 1700 多间大小宫室。支撑屋面的立柱都用整棵大圆木刨光而成，上下等粗，极为整齐、协调。1400 平方米的长方形中央庭院，将东宫和西宫连为一体，各个建筑物

王座厅室是克诺索斯宫中最大、最奢华的房间，它象征着统治者至高无上的权力。

以长廊、门厅、走道和阶梯连接。国王宝殿、御寝、后妃居室、宝物库及亭阁等，错落有序，神秘又诡奇。

1901 年，埃文斯又发现中央庭院一侧的楼梯间内，有许多描写当时宗教和民间生活情景的壁画，以及由象牙、金、银、水晶石嵌合而成的游戏板。埃文斯认为这个游戏板是他在克诺索斯宫遗址中发现的最有价值的单件工艺品。

埃文斯在克诺索斯宫遗址，前后工作了 30 年，获得了大量珍贵文物。1911 年，埃文斯因其在考古学上的重大贡献而获颁爵士爵位。

吃人的米诺牛传说

克里特岛是位于地中海东部极为狭长的岛屿，它在古希腊文明中占有重要地位，是一个充满诡秘色彩之地。克诺索斯宫的发现，更增添了克里特岛的神秘气息。荷马在《奥德赛》中对克里特岛曾有过这样的描述：

“在暗蓝色大海的远方，有一个岛屿名叫克里特。可爱而富饶土地的四周，拍打着阵阵的巨浪。岛上有 90 个人口稠密的城市。其中之一就是克诺索斯。米诺斯王掌管大权。”

可见，神秘的克里特岛不仅是克诺索斯宫的发源地，更孕育了强大的米诺斯文

克诺索斯宫复原图。宫殿总面积达 22000 多平方米，各个建筑物之间以长廊、门厅、走道和阶梯连接。

欧罗巴被公牛吸引，大胆地爬上牛背。

明。米诺斯王是米诺斯文明的一代明君，但由于性格倔强，因而造成了米诺牛的悲剧。

传说米诺斯王是宙斯与他的情人欧罗巴所生，他是一位精明强悍的君主。他不但建立了强大的海军，称霸爱琴海，还建立了规模宏伟的宫殿——克诺索斯宫，成为国家强盛的标志，也是造就克里特文明的重要部分。

欧罗巴是腓尼基国王阿革诺耳的女儿，深居简出的宫廷生活培养出她良善的性格。一天深夜，她做了一个荒诞的梦：亚洲大陆和对面的欧洲大陆突然变成了两个凶恶的女人，她们企图将欧罗巴占为己有。突然，其中一个女人变得非常和善，而另一位却非常陌生。梦中的欧罗巴面对此景，束手无策。和善的女人温柔又热情地告诉欧罗巴说，她就是欧罗巴的母亲，而陌生女人却像强盗般抓住她的胳膊，要带她去见宙斯。僵持不下的时候，欧罗巴被惊醒了。吓出了一身冷汗的欧罗巴，回想这个噩梦，惊讶地发现带她去见宙斯的不是陌生的妇女，竟是一头“公牛”。

第二天清晨，欧罗巴和姑娘们一起在花园里嬉戏，昨夜的梦境很快就被她抛到脑后。她穿着一件火神赫菲斯托斯为她制作的长襟衣裙，模样楚楚动人，与同伴们欢乐地奔向海边的草地。依稀点缀在草地上的鲜花，怒放争艳，格外芬芳。一时间，姑娘们散去采摘花朵，欧罗巴也很快地找到她要的花，她双手高高举起一束火红的玫瑰，就像一尊爱情女神。随后，她们围坐在草地上，编织花环。为了感谢草地仙子，她们把花环挂在翠绿的树枝上献给她。

年轻貌美的欧罗巴深深地打动了克里特岛的主人——宙斯的心，可是，他害怕妒忌成性的妻子赫拉会发怒，又担心自己难以感动这位纯洁的姑娘。于是，他想出了一个办法，将自己变成一头高贵而华丽的公牛。为了万无一失，宙斯还吩咐儿子赫耳墨斯把在山坡上吃草的牲口赶到海边的草地。赫耳墨斯立刻按照父亲的指示做了，于是变成公牛的宙斯混在国王的牛群里，等候欧罗巴的到来。

草地上的牛群慢慢散开，神情专注地吃草，宙斯化身的“大公牛”却无心吃草，一心只想着如何靠近欧罗巴。为了引起她的注意，这头与众不同的公牛表现得温顺。欧罗巴和姑娘们马上被公牛的姿态吸引，大胆地用手轻抚油光闪闪的牛背。公牛似乎很通人性，依偎在欧罗巴身旁。看到公牛驯服的样子，欧罗巴不再害怕，并把手中的花束送到公牛嘴边。公牛趁势舔舐鲜花和姑娘的手，而欧罗巴越来越喜欢这头漂亮的公牛，竟然不经意地在牛的前额上轻轻一吻。公牛高兴地摇着尾巴，温顺地躺倒在欧罗巴的脚边。欧罗巴索性爬上牛背，还把同伴们编织的花环挂在牛角上。此时公牛从地上缓慢爬起，带着满心欢喜的欧罗巴缓步前行。过了不久，公牛驮着欧罗巴走出草地，这时公牛像脱缰的野马一样开始狂奔。当欧罗巴反应过来时，公牛已经纵身跳进了大海。

欧罗巴一边用手紧紧地抓着牛角，一边大声呼喊着女伴们的名字，可是风浪声掩盖了她的声音。公牛姿态优雅老练，平稳地游向大海深处。傍晚时分，他们来到了一个“陌生的岛屿”——克里特岛。惊诧恐惧的欧罗巴从牛背上跳下来，流着眼泪望着海的另一端，突然她身边的公牛变成了一个俊逸的美男子。男子单脚跪地，轻

艺术家以宙斯和欧罗巴的爱情故事为创作题材。在这幅画中，公牛姿态优雅平稳地游向了大海深处，欧罗巴则用手紧紧地抓着牛角。

此图是忒修斯杀死米诺牛后，人们庆贺的画面。

轻地抓着她的手，说明了事情的来龙去脉，并向欧罗巴表达爱慕之情。欧罗巴被宙斯的行为感动，就答应了他的请求。为了纪念这段浪漫的感情，宙斯把欧罗巴曾经生活过的地方称作欧罗巴洲，也就是现在的欧洲大陆。

欧罗巴为宙斯生了 3 个聪明可爱的儿子，其中米诺斯是 3 个儿子当中成就最高的一位。米诺斯当政时期，克里特岛成了非常强盛的王国。当时，首都位于岛上北岸的克诺索斯，米诺斯王及其大臣们就居住在克诺索斯宫内，国王直接掌管着全国的生产和贸易。

为了保护欧罗巴，躲避赫拉的加害，宙斯曾将欧罗巴变为牛。因此，他们的儿子米诺斯出于对母亲的尊重，从不用牛来祭祀神祇，但是他的这一举动触怒了神。为了惩罚米诺斯，神祇让米诺斯的妻子与牛相爱，生下牛首人身的怪物——米诺牛。由于米诺牛是一个吃人的怪兽，从此克里特岛的居民陷入了恐惧的生活中。米诺斯为了保护岛民的性命，决定在克诺索斯宫内修建一座迷宫，用来关押并隐藏米诺牛。

当时的雅典是克里特的附属国。米诺斯虽然把米诺牛关了起来，保护了克里特岛民的安全。但米诺斯仍然命令雅典王爱琴每年送 7 对童男童女到克里特岛，喂养迷宫里的米诺牛。

雅典王爱琴的儿子忒修斯是一位善良正义的年轻人。人民的不幸使他感到不安，他决定要和童男童女们一起出发，借机杀死米诺牛，拯救那些无辜幼小的生命。他把这想法告诉了父王，虽然老国王担心孩子的安全，但深明大义的老国王还是同意了他。忒修斯和父亲约定，如果他杀死了米诺牛，在返航时就把船上的黑帆变成白帆。否则，国王爱琴可能就再也见不到自己的儿子了。就这样，雅典民众在一片悲泣声中，送别了包括忒修斯在内的 7 对童男童女。

忒修斯带领童男童女在克里特岛上岸。他英俊潇洒的外表，果敢正义的举

美丽聪明的阿里阿德涅公主。

止，引起了米诺斯国王的女儿阿里阿德涅公主的注意。美丽聪明的公主私下偷偷约了忒修斯，向他表示爱慕之意。忒修斯就把自己的任务一五一十地告诉了她。于是，为了避免忒修斯遭受米诺牛的伤害，公主就送给他一把魔剑和一团线球。

进入迷宫的日子到了，忒修斯按照公主的吩咐，一进入迷宫，就将线球的一端拴在迷宫的入口，然后放开线团，沿着曲折复杂的通道，往迷宫深处走去。在尽头处，忒修斯见到怪物米诺牛，他强压心头的怒火，慢慢地靠近米诺牛。然而，就在他快要靠近时，饥饿的米诺牛闻到了他的味道，突然扑了过来。忒修斯抢先一步，左手抓住米诺牛的角，右手拔出阿里阿德涅公主送给他的魔剑，奋力杀死了米诺牛。随后，他带着童男童女，顺着线团快速走出了迷宫。忒修斯又在阿里阿德涅公主的帮助下，凿穿了海边所有克里特船的船底，以防米诺斯国王的追击。就这样，阿里阿德涅公主随同忒修斯和童男童女们一起逃出了克里特岛，胜利归国。

经过几天的航行，他们再次看到祖国——雅典。忒修斯与阿里阿德涅公主和伙伴们的心情异常兴奋，在甲板上跳舞唱歌，竟然忘记了与父亲的约定，没有把黑帆改成白帆。焦急的爱琴引颈企盼儿子的归来。不幸的是，他看到回航的船仍然挂着黑帆，相信自己的儿子已被凶残的米诺牛吃了。由于他难以压抑悲痛欲绝的心情，而跳海自杀了。人们为了纪念雅典王爱琴，将他跳入的那一片海洋，从此称为爱琴海。

神话中吃人的米诺牛，虽然被很多人认为只是一个传说。但是忒修斯的义举以及他和阿里阿德涅公主的爱情故事，却长久地留存在人们心中，也因此增添了人们对克诺索斯宫的一些想象，引起了众多探险家和考古学家的兴趣。

米诺斯文明的造化

随着进一步的挖掘整理，考古学家们一致认为，大约在公元前 6000 年时，克里特岛就已有人居住。这些居民可能来自于西亚或地中海东部地区。人们种植农作物，饲养家畜，建造房屋。大约在公元前 3000 年，克里特岛就已经进入了金石并用的时代。

随着生产力的发展，大约在公元前 2000 年，克里特的社会结构开始发生变化，出现了阶级制度。统治阶级为了防御与巩固地位的需要，开始修筑宫殿和城堡，宫殿建筑也因此成为米诺斯文明的主要标志。由于国力强盛，克诺索斯宫的规模是众多王国宫殿中最大的一个。据推算，克诺索斯宫连同附近的建筑群可以容纳 8 万人，可见米诺斯文明在当时已相当繁荣。

克诺索斯宫周围建有高墙，以碉堡守住出海口，是一个易守难攻的要塞。宫中有高大的房舍、储藏室和神庙等。大约在公元前 1900 年到公元前 1700 年间，克里特岛上的小城邦，为了争夺霸权而发生战争。米诺斯凭借雄厚的实力，占据上风，取得克里特岛的领导地位，这为米诺斯文明的发展奠定了基础。克诺索斯宫也再次得到扩建，宫殿占地面积扩大为三英亩，如果把周围的建筑物计算在内，则多达五英亩。公元前 1650 年至公元前 1450 年，是克里特文明繁荣的全盛时期，克诺索斯宫风光一时。

随着文明的发展与进步，克里特的文字由最初的图画发展为象形文字，而后又演变为线形文字。最令人着迷的米诺斯文化是米诺斯人的艺术品——生气十足，宛如大自然精灵的绘画。米诺斯人的绘画题材，首选动植物，特别是海洋生物，这与当时人们的生活方式有关。克诺索斯宫壁画的艺术水平都很高，堪称古代艺术的杰作。皇后寝宫内的“海豚”壁画尤为杰出，画面中众多的小鱼簇拥着优美的海豚，它们优游于珊瑚和海草间，呈现出宁静、安详的景致。

在人物题材的壁画中，最完整的是高 2 米左右名为“国王—祭司”的浅浮雕，画面中年轻的国王正在百合花丛中主祭。他头戴用羽毛装饰的百合花冠，胸前挂着百合花项饰，左手握麾，右手摆在胸前，肩膀宽阔，腰部纤细，四肢肌肉发达且富有弹性。百合花和蝴蝶也是以极富特色的笔法，表现出人与大自然和谐的关系。背景则使用大面积的红色，烘托出祭典中神秘的气氛。

克诺索斯宫中有许多关于“牛”的题材，最有名的是壁画《调牛图》。画面表现的是 3 个人与 1 头奋蹄摆尾的牛。牛前后有两个身材修长的少女，她们的手腕和臂膀上戴有环状饰物。牛背上倒立着一个深棕色的人，长发飘逸。这幅壁画的真实含义，目前尚未知晓，学者推测这是表现一个宗教活动的场面。此外，宫殿中还有许多关于牛的雕塑，或许和米诺牛及迷宫的传说有关。

在考古遗址中还发现，克诺索斯宫中塑像和壁画的主题以女神或女祭司居多。这些女神或女祭司，经常手握毒蛇或双叶斧，可能与动物祭祀有关。由此可见，女人在米诺斯的宗教礼仪上扮演着重要角色。事实上，考古学家更坚信，克诺索斯宫中王室正殿的厅室，或是崇拜女神的地方，都应该被看作是圣堂。总之，米诺斯人的宗教生活在公元前 1500 年前就已经十分活跃。

人们在宫中观看杂技表演，这可能与宗教信仰有关。

壁画中“贵妇”艳丽的发饰与服饰，印证了公元前 15 世纪克诺索斯宫的奢华与富足。

装饰在克诺索斯宫的海豚湿壁画，充分反映出米诺斯艺术充满律动和欢愉。

这幅壁画由 3 个人和 1 头奋蹄摆尾的牛组成，似乎呈现的是一个宗教活动的场景。

米诺斯人擅长航海，他们拥有高效率的船队。“新殿时期”的船只长达 30 米，可载 50 名船员，横渡地中海是轻而易举的事。

这些象形符号排列有序，组成了多个大小不等的同心圆。

据考证，这一时期米诺斯文明繁荣的主要原因，得益于其丰富的自然资源。羊毛和油是米诺斯文明对外贸易的支柱。米诺斯人擅长航海，拥有高效率的船队，“新殿时期”的船只长达30米，可载船员50人，横渡地中海是轻而易举的事。米诺斯人在希腊与土耳其之间的爱琴海岛屿上，建立起殖民地和贸易港，海上贸易尤其发达。米诺斯的工艺品，在整个地中海东部地区都有发现。

在克诺索斯宫遗址中，还发现了来自希腊、土耳其、埃及、爱琴海诸岛以及美索不达米亚地区的金属制品。曾经用来盛装橄榄油和葡萄酒的大型坛罐，显示出了相当高的制作水平，也反映了当时生产力的发达。此外，米诺斯还出口木材、羊毛绒、陶器、珠宝、刀具、香水和药品，这些都靠海上运输。可见，“海上贸易”也是米诺斯文明的重要活动。因此，米诺斯文明的影响力远远超出克里特岛的范围。克诺索斯宫的发现，把欧洲历史从希腊的古典时代上推到传说中的“荷马时代”，又进而追溯到史前时代。米诺斯人造就了克诺索斯宫，而克诺索斯宫又使人们认识了米诺斯文明，并可以推及完整的欧洲历史。

米诺斯文明之谜

历史的发展有时会走向人们期待的反方向。强盛时期的米诺斯人似乎是一个友善的民族，酷爱大自然，喜欢运动，无论男女都把长长的黑发卷起并盘在脑后。男人喜欢搭配腰布；女人则喜欢抹着口红，身穿紧身衣及荷叶边长裙。总之，这是一个精神饱满、有文化教养、热爱和平的民族。但不幸的是，米诺斯文明却无端消失了，考古学家们也试图通过克诺索斯宫遗址来找寻解答。

1979 年，希腊考古学家埃菲和简利斯来到了米诺斯遗迹附近——一个被当地人称

克诺索斯宫内的壁画。

平和的克诺索斯宫内，难以想象用活人献祭的场景。

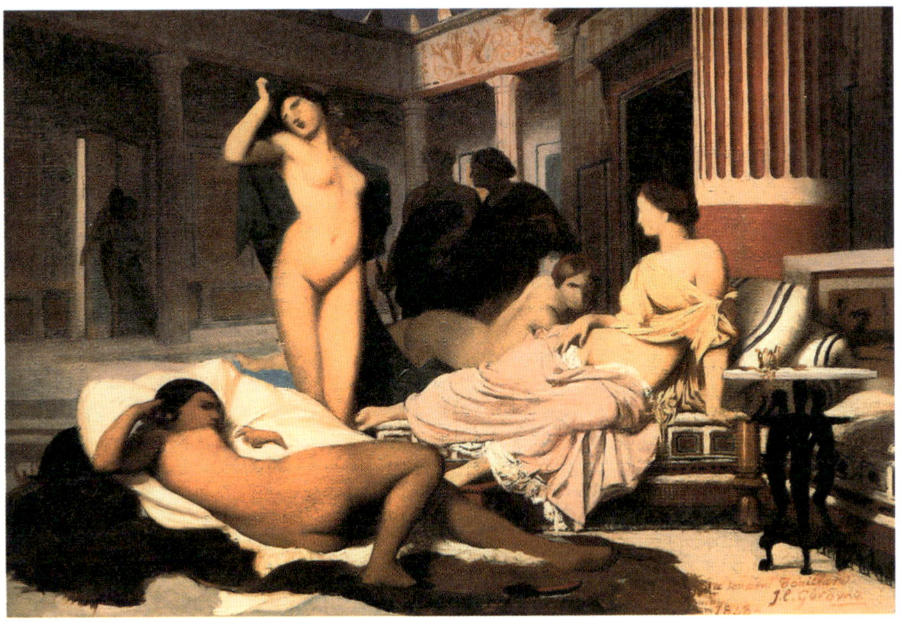

在这幅未完成的作品里，艺术家描绘克诺索斯宫内的一幕，显示了克里特人当时拥有高度发达的物质生活。

为“风洞”的地方。在这里，简利斯发现了一个遭到破坏的小建筑物，可能是当时的神坛。里面有一个真人大小的塑像，旁边是祭祀用的花瓶，还有4具骷髅。这是早期米诺斯人的遗骸，其中有3具留下的是不完整的骨头，另一具基本完好，后来判定是一个18岁的男子。礼仪刀具横放在男子的身上，像是被捆绑着在进行献祭仪式。简利斯认为，当时为了平息地震带来的灾难，因此用活人来献祭。这个结论被许多希腊人和克里特岛人认为是对他们祖先的一种侮辱，因此根本无法接受。

迈锡尼墓葬中的纯金面具按照死者的容貌制成，使死者的形象能够完整保存。

虽然许多人甚至也包括一些考古学家对简利斯的发现和解释发起攻讦，认为他做出了错误的判断，亵渎了米诺斯文明。然而，4年后，英国考古学家彼得·华伦，在克诺索斯西北一栋米诺斯建筑物的地窖，发现了2具儿童骷髅，一个约8岁，另一个约11岁。骨上的刀具印迹与祭祀动物骨上的刀具印迹完全一致。因此，可以断定这两个儿童是在献祭仪式上被杀死的，而且他们的肉还用刀子从骨头上剔下来。彼得认为，祭神者很可能吃了这两个孩子的肉，也间接证明了简利斯的解释是正确的。

玩蛇的女神身穿着紧身衣长裙，袒露着胸部。

任何文明就像人的生命一般，有起始也有终结。米诺斯文明的消失始终带着神秘性。考古学家埃文斯认为，是大地震导致了克诺索斯宫的损毁。大约在公元前1470年，当时除了克诺索斯宫以外的所有

迈锡尼时期的城堡复原图。

宫殿及建筑物，也都被大火烧掉了。由于克里特岛和其他爱琴海周边的岛屿经常发生地震，因此这种解释似乎是合乎逻辑的。

随着更多自然灾害的证据被发现，考古学家们对于文明消失的原因，又提供了另一种版本。他们在爱琴海的色诺岛南岸的地方，发现了一座被淹埋的城市。里面堆满了工艺品和壁画，与米诺斯遗迹十分相似。这座城市似乎是米诺斯的前哨，或是与米诺斯人有密切贸易和文化联系的地区。地质学的证据显示，该城市与其他居住区可能在公元前 1600 年一次巨大的火山喷发中被摧毁。此地的火山爆发有可能造成了亚特兰蒂斯岛的消逝，专家认为，这也可以解释米诺斯文明的终结。他们推测，这次大地震的火山灰可能湮没了克里特岛，或以它巨大的气浪吞没海岸附近的居住区域。

现代学者拒绝接受这样的说法，认为米诺斯文明不是由一场自然灾害毁灭的。他们认为，公元前 1470 年到公元前 1380 年，米诺斯人卷入了与希腊内地迈锡尼文明的一场激烈的战争中。迈锡尼人占领了克诺索斯宫，并统治米诺斯。由于克诺索斯宫中至今仍存有迈锡尼人的遗物，这可以从文物上得到证实。另一派学者则认为，后来希腊大陆上的迈锡尼人，通过联姻方式入主克里特岛，形成文明的和平过渡。

米诺斯文明消失的真正原因，可能永远都无法被证实。虽然人们力图在克诺索斯宫遗址上去找寻更多的证据来验证自己的理论，但是消失了几千年的宫殿，又如何能证明到底何者为真呢?

王子与公主的爱情未必能圆满

阿里阿德涅是神话中克里特岛国王米诺斯的女儿。她用线团和魔剑帮助忒修斯杀死了怪物米诺牛走出迷宫，并一起逃出克里特岛。但在逃往纳克索斯岛上

提香所画的《酒神与阿里阿德涅》，描绘的是酒神狄俄尼索斯见到阿里阿德涅时，从自己坐的车上飞奔下来的场景。这幅画经常被用来当作歌颂生命、青春与欢乐的象征。

时，命运女神出现在忒修斯的梦中，并告诉他："你们的爱情不会被祝福。它将会带来厄运。"

忒修斯深爱阿里阿德涅，但他深知自己无力抗拒神的预示。醒来之后，他驾船离开，留下悲痛欲绝的阿里阿德涅在岛上哭泣。就在她痛苦之际，酒神狄俄尼索斯满怀激情地来到她身边。

酒神对阿里阿德涅一见钟情，最后两人结为夫妻。在许多描绘酒神祭的绘画中，都可以看到阿里阿德涅的身影。提香所画的《酒神与阿里阿德涅》，描绘的是酒神狄俄尼索斯见到阿里阿德涅时，从自己坐的车上飞奔下来的场景。这幅画经常被用来当作歌颂生命、青春与欢乐的象征。

关于克诺索斯宫的历史大事

年代	关于克诺索斯宫	历史大事记	文化与社会
大约公元前6000年	考古学家们一致认为，当时克里特岛就已有人居住。	公元前5000年中国的仰韶文化出现。	小亚细亚地区开始出现亚麻和羊毛织物。
大约公元前2000年	克里特岛的社会结构出现阶级制度。	苏美尔文明约于公元前2000年覆灭。	中国出现五音音阶音乐。 爱琴海地区迈锡尼文明出现。 古代埃及出现图书馆。 古代埃及人已经会制作木乃伊。
大约公元前1900年～公元前1700年	克里特岛上的小城邦为了争夺霸权而发生战争。 米诺斯凭借雄厚的实力，取得克里特岛的领导地位。	中国处在夏朝时期。	古希腊出现线形文字。 古巴比伦制定《汉谟拉比法典》。
公元前1650年～公元前1450年	这一阶段是克里特文明繁荣的全盛时期，克诺索斯宫曾经风光一时。	商汤伐夏桀，夏朝灭亡。	/
公元前1500年	米诺斯人的宗教生活在此之前就已经十分活跃。	/	古代埃及人已使用24个字母符号，已知用绳结三角和毕达哥拉斯数位构成直角。 古巴比伦人创造了发达的数学和天文学。

（续表）

年代	关于克诺索斯宫	历史大事记	文化与社会
大约公元前 1470 年	当时除了克诺索斯宫以外的所有宫殿及建筑物，可能因地震全部被大火烧毁。	/	中国黄河流域形成栽桑、养蚕、缫丝、织绸的完整生产过程。
1883 年	考古学家阿瑟·埃文斯去探望他的伙伴施里曼时，第一次发现克诺索斯宫遗址中的印石。	德、奥、意三国结成同盟。	苏联作家阿列克塞·尼古拉耶维奇·托尔斯泰。 英国经济学家凯恩斯诞生。
1900 年	埃文斯得到了克诺索斯宫遗址的所有权，开始了挖掘工作。	1898 年，慈禧太后发动政变，幽禁光绪皇帝。 八国联军侵华。	弗洛伊德出版《梦的解析》。
1911 年	在克诺索斯宫遗址前后工作了 30 年，埃文斯因其在考古学上的重大贡献获颁爵士爵位。	武昌起义爆发。 1912 年，中华民国建立。	清华大学建校。 奥地利作曲家马勒逝世。
1952 年	英国建筑师迈克尔·文突斯提出破解“直线 B”的方法。	/	芬兰赫尔辛基举办奥运会。 海明威出版《老人与海》。
1979 年	希腊考古学家埃菲和简利斯来到了米诺斯遗迹附近的一座小神坛，发现早期米诺斯人的遗骸。	中越战争爆发。 伊朗爆发革命。 苏联入侵阿富汗，美苏关系再度恶化。 中国台湾发生“美丽岛事件”。	美国影星约翰·韦恩逝世。 人类彻底消灭天花。

俄罗斯·莫斯科

克里姆林宫

MOSCOW KREMLIN

沙皇的残酷权杖

据说在克里姆林宫的教堂落成的当天，伊凡四世问建筑师，是否能建造出更美的教堂。建筑师诚实地回答："能。"没想到，他的实话却为自己带来了灾祸，残忍的伊凡四世随即命人挖去他的双眼，使他永远无法再建造出更美的教堂。

围着栅栏的木城堡

11 世纪的东欧平原，公国林立，苏兹达尔公国是其中较为强盛的一个。12 世纪初，在多尔戈鲁基大公统治期间，苏兹达尔公国得以扩大疆域，迅速发展。在东欧平原的中央，莫斯科河和涅格林河交汇处，有一座繁忙的小镇。小镇面积虽然不大，作用却不容小觑，它既是当时斯拉夫诸国贸易路线的交会点，又是位置独特的军事要塞。于是，1156 年，被称为“莫斯科的奠基者”的多尔戈鲁基大公就派人在河边兴建一个围有木栅的城堡。这座城堡长 700 米，宽 40 米，高 8 米，土筑的围墙底部用三层原木加以固定，墙内有三座瞭望塔和一座小宫殿，这就是最初的克里姆林城堡。关于“克里姆林”一词，有两种说法：一种说法是源自希腊语，意为“城堡”或“峭壁”；另一种说法是源自早期的俄语“克里姆”，指的是一种可作建材的针叶树。不管是哪一种说法，都代表着克里姆林城堡远不是真正意义上的宫殿。

当时，苏兹达尔公国的行政和文化中心是苏兹达尔。克里姆林城堡矗立在莫斯科河边，但随着社会经济的发展，在克里姆林城堡及其周围逐渐形成若干商业、手工业和农业村落，因此这里成为风景秀丽、有地域特色的地方。由于兄弟阋墙、内讧残杀，苏兹达尔公国一度兵祸不断、民不聊生。

多尔戈鲁基大公，莫斯科的奠基者。

11 世纪中叶，东方游牧民族突厥人的一支波洛伏齐人入侵南俄草原。从 1061 年开始，波洛伏齐人频繁进犯罗斯公国，从而加剧了罗斯公国的混乱，人民生活苦不堪言。11 世纪末，在弗拉基米尔·莫诺马赫大公时代，罗斯公国凭借强盛国

11 世纪中叶，东方游牧民族突厥人的一支波洛伏齐人入侵南俄草原，更加剧了罗斯公国的混乱。图为波洛伏齐人猎狼的场景。

力一度遏止了波洛伏齐人的侵扰。但好景不长，罗斯公国的内忧外患并没有从根本上消除，直至分裂成几个小公国。

盛极一时的钦察汗国成为伊凡一世借机敛财的工具，莫斯科城也从中受益。

1223 年，蒙古成吉思汗在击溃波洛伏齐人之后，率数万铁骑进犯罗斯公国，重创罗斯军队，随后进攻罗斯东北地区，以迅雷不及掩耳之势攻克弗拉基米尔、苏兹达尔、特维尔和莫斯科等公国。

1240 年，蒙古军又占领了基辅，胜利后的蒙古军又于次年攻入波兰和匈牙利，大胜波兰，横扫匈牙利，直逼奥地利维也纳城下，蒙古军的身影甚至一度在亚得里亚海东岸地区出现。蒙古人为了巩固统治，掠夺胜利成果，在伏尔加河流域的萨莱建立了钦察汗国。

此时，罗斯公国西北面的瑞典，联合德国趁机以传布“真正基督教”的名义在涅瓦河登陆，攻入罗斯，腹背受敌的罗斯人民群起反抗。诺夫哥罗德公爵亚历山大·涅夫斯基指挥得当，带领人民大胜瑞典和德国联军。1242 年 4 月，他又率军在冰冻的楚德湖上反击德军，大获全胜。但遗憾的是，西方战线的胜利并没有挽救罗斯东方战线的惨败，无奈之余，罗斯公国只好屈从于蒙古人建立的钦察汗国的统治。

在东方的中国，蒙古军用几十年的时间，于 1279 年灭掉南宋。强盛时期的钦察汗国疆域辽阔，东起今额尔齐斯河，西至德涅斯特河，南抵高加索，北含罗斯大部分地区。但钦察汗国的统治基础并不稳固，经常遭受外敌的入侵。14 世纪，立陶宛和波兰入侵罗斯，兼并了罗斯大片土地，不过东北部的罗斯仍然被钦察汗国控制。

钦察汗国保存了罗斯各公国的封建政权，意图让他们彼此争斗，以减少对自己的威胁。而且，各公国对钦察汗国称臣，接受册封，并缴纳贡赋，承担军役。当时的莫斯科公国[1]只是其中的一个小公国，它的领土仅限于莫斯科城及其周围地区。由于地理位置优越，处在东北罗斯的中央，又是水陆交通的要塞，发展速度很快，经济实力逐渐增强。

当时，为了争夺大公权位，特维尔与罗斯托夫两大王公联盟长期争斗不休。在罗斯诸国王公倾轧、争斗的过程中，莫斯科公国抓住机会，借势而起，站在逐渐得势的特维尔王公一方。1304 年，莫斯科公国已具有相当强的经济实力，这为它与特维尔争夺大公权位奠定了基础。

莫斯科王公伊凡一世（Иван I Данилович，约 1304～1341）是一个足智多谋的领导者，他认为莫斯科公国要想强大起来，必须忍辱负重，见机行事，而任何的疏忽和急躁都可能功亏一篑。1327 年，特维尔和诺夫哥罗德的“反蒙暴动”成就了伺机而动的伊凡一世。他主动请命，在一年之内先后两次镇压了特维尔和诺夫哥罗德的“反蒙暴动”，此举赢得了钦察汗国的信任，伊凡因此被册封为“弗拉基米尔及全罗斯大公”，享有代替钦察汗国向罗斯人征收赋税的特权。

伊凡一世充分运用“大公”头衔所带来的一切便利，竭尽所能，近乎疯狂地敛收民财。同时，他利用所得的财富贿赂蒙古王公，经营自己的上层关系，并收买人心，培植亲信，借以削弱对手的力量。因此，贪婪无度的伊凡一世也为自己赢得了“钱袋里的伊凡”的称号。马克思曾在其名著《十八世纪外交史内幕》中说，伊凡“用鞑靼人的名字所引起的恐惧去聚敛钱财，然后用这些钱财去腐蚀鞑靼人自己”。

莫斯科城也因此成为伊凡得势的受益者，城市建设获得长足的进展。为了扩展疆土，野心勃勃的伊凡先后通过兼并、购买的方式，把弗拉基米尔、佩雷雅斯拉夫里、科斯特罗马、尼什哥罗德、戈罗杰茨、马格利奇、加里奇和白湖等地并入莫斯科公国的版图。同时，为了赢得教会的支持，他动员罗斯大主教彼得，把教会的活动地点迁至莫斯科，莫斯科从此成为当时的政治和宗教中心。莫斯科公国的威望达到顶点，成为当时诸侯公国中的佼佼者。

伊凡一世的傲人成就使莫斯科城充满活力，克里姆林城堡也成为公侯的住地和宗教中心。在特殊的政治和宗教光环的双重笼罩下，克里姆林城堡充满着蓬勃生气。

[1] 随着其后的发展壮大，14—16 世纪建立以莫斯科为中心的俄罗斯中央集权国家——莫斯科大公国，合并了东北和西北罗斯的全部领土。

伊凡大帝整建“俄国的罗马”

钦察汗国的分裂和莫斯科公国的崛起，也为克里姆林城堡提供了合适的外部条件。伊凡一世的孙子季米特里·顿斯科伊是第一个凭实力挑战钦察汗国的莫斯科大公。1380 年，他率军与蒙古军队在顿河岸边的库利科沃波列会战，他打败了蒙古大将玛迈的队伍，取得了此次战争的胜利。这次战役被看作是俄国历史的转折点，此后钦察汗国逐渐衰落。

1462 年 3 月 27 日，莫斯科公国 22 岁的伊凡三世（Иван III Васильевич，1440～1505）即位。他即位不久，就率军吞并了雅罗斯拉夫尔公国，随即又吞并了罗斯托夫公国。但是贪婪的伊凡三世并不满足，北方幅员辽阔的诺夫哥罗德共和国也成了他的目标。

由于诺夫哥罗德共和国的国势强盛，伊凡三世不敢轻举妄动。有所顾虑的诺夫哥罗德共和国打算投靠立陶宛大公国，以求得安全。没想到，伊凡三世得知此消息后，下定决心亲自率军征服诺夫哥罗德共和国。

1471 年，伊凡三世率军出征，双方会战于舍隆河畔。莫斯科军队骁勇善战，一鼓作气，以 8000 兵力击败 5 万名诺夫哥罗德军队，促使对方被迫转入防守。时隔 7 年，志在必得的伊凡三世再次率军兵临诺夫哥罗德城下，此时的诺夫哥罗德军心涣散，弃城投降。就这样，远比莫斯科公国面积大得多的诺夫哥罗德共和国被并入了莫斯科公国的版图，这是莫斯科公国走向独立的重要一步。

伊凡三世即位不久，就率军吞并雅罗斯拉夫尔公国和罗斯托夫公国。

伊凡三世的扩张壮大了自己的实力，于是决定不再向钦察汗国缴纳贡赋，并谋求摆脱钦察汗国的统治。为求稳当，伊凡三世首先与从钦察汗国分离出来的克里米亚汗国结盟。钦察汗国则联合罗斯西方的立陶宛，准备夹击莫斯科。1480 年，

1478 年，伊凡三世将诺夫哥罗德共和国并入了莫斯科公国的版图。

伊凡三世策动盟友克里米亚汗国分兵进击波兰和钦察汗国的后方，牵制住波兰与立陶宛的军队。同时，在正面战场上，莫斯科公国大败钦察汗国。

自此，罗斯各公国摆脱了长达 238 年的蒙古统治，为伊凡三世进一步的侵略扩张扫除了障碍。随即，伊凡三世又带着战胜钦察汗国的余威，一举吞并了特维尔公国，从而统一了整个东北罗斯，成为“全俄罗斯的统治者”。莫斯科大公也改称为全俄罗斯君主，俄罗斯由此踏上君主专制的中央集权国家的道路。伊凡三世也因领导罗斯诸公国摆脱钦察汗国的统治并统一全俄罗斯而获得“大帝”的称号，成为俄国历史上第一位获得“大帝”称号的君主。

为了根除西部隐患，伊凡三世又先后通过 1487 年和 1500 年两次战争，彻底击败了波兰、立陶宛，获得了德斯纳河流域的广阔土地，也为俄罗斯开创了稳定的周边环境。

此外，伊凡三世还进行了经济改革，颁布了法典（史称《伊凡三世法典》），以国家法律的形式确立领主对农民的奴役特权，形成最初的封建农奴制。

伊凡三世是俄国历史上承先启后的一代明君。这位久经沙场的统治者坚信，唯有依靠强大的武力才能保证国家的安全。他认为莫斯科应该成为“俄国的罗马”和欧洲第一流的都市。正是在这个信念的指导下，伊凡三世盛邀意大利著名建筑师马可·鲁福和皮埃特罗·安·索拉里奥建造克里姆林宫的棱形宫殿——多棱宫。两位建筑师接到邀请的当天，就立即出发了。

1487 年至 1491 年间，在意大利建筑师的主持下，克里姆林宫经历了脱胎换骨的扩建工程。早期文艺复兴风格的建筑在遥远的北方国度生根发芽，并和俄国传统建筑风格完美地结合，成为俄国文化的一部分。

多棱宫极具特色的棱形主立面，影响着俄罗斯的建筑文化。在其庞大的 500 平方米的节日厅，四壁镶嵌着精美的壁画。低矮的十字穹隆，由唯一的一根中柱支撑，这既表现出当时的时尚潮流，也是建筑设计的精妙之处。多棱宫落成之后，成为大公接见外国使臣、召开重要会议和庆祝重大军事胜利的场所。1491 年，三位一体门完工。8 年后，宏伟壮丽的圣母升天教堂竣工，之后历代的大公和沙皇都在这里举行加冕典礼。

如今，常有人谑称意大利建筑师为克里姆林宫的“接生婆”。但是如果没有伊凡三世所创造的伟业和对艺术的独特追求，恐怕也没有意大利人施展才能的机会。

“恐怖的伊凡”挖去建筑师的双眼

在俄国历代帝王中，恐怕没有比伊凡四世（Иван IV Васильевич，1530～1584）更让人不寒而栗的，他的残忍令人发指，有“恐怖的伊凡”之称。不过，这位恐怖的暴君当时也修建了许多教堂和宫殿，包括克里姆林宫在内。

伊凡四世的父亲瓦西里三世并不是伊凡大帝钦定的接班人，因此其执政之路充满了血腥与暴力。1497 年，伊凡大帝指定自己的孙子季米特里为继承人，这引起了他的后妻索菲娅的不满。为了让自己的儿子瓦西里继位，索菲娅就密谋政变，企图以武力

素有“恐怖的伊凡”之称的伊凡四世。

夺取政权。不幸的是，伊凡大帝发现了这个阴谋，就将索菲娅母子贬黜。次年，他让位给季米特里。瓦西里见机不妙，于是秘密逃往立陶宛，并借助立陶宛的力量夺得王位。1502年，年老多病的伊凡大帝被迫将大公称号转授予瓦西里。

瓦西里死后，年仅3岁的幼子——伊凡四世，被大主教达尼埃尔立为大公。由于伊凡四世年纪尚小，朝政只能由他的母亲 Ye.V. 格林斯卡娅代理。格林斯卡娅是一位精明能干的女强人，她进行币制改革，统一了俄国的货币，从而加强了国家的财政管理，促进了经济的发展。格林斯卡娅去世后，7岁的伊凡形式上管理朝政，但宫中荣华而又险恶的环境，造就了小伊凡孤傲多疑、冷酷无情的性格。据说他在13岁时就曾命令随从放狗将自己的监护人安德列·舒伊咬死，并暴尸宫门。

1547年，17岁的伊凡四世在克里姆林宫内举行隆重的加冕仪式。大主教马卡里把缀满珠宝的莫诺马赫皇冠隆重地戴在伊凡四世的头上。莫诺马赫皇冠是12世纪初拜占庭皇帝君士坦丁·莫诺马库斯送给其外孙——基辅大公弗拉基米尔·莫诺马赫的礼物，故得此名。莫诺马赫皇冠是皇权的象征，当它正式被戴在伊凡四世头上时，标示着伊凡四世成为俄国的第一位皇帝。从此，伊凡四世改称“沙皇”，莫斯科大公国也改称为“俄国沙皇国”或“沙皇俄国”。

伊凡四世加冕为帝之后，朝中大权仍然被格林斯基家族把持。他们经常利用特权，肆意妄为。1547年夏天，俄国大旱，农民穷苦不堪。6月21日，莫斯科突然起火，顷刻之间，整座城市湮灭在火焰之中。据统计，有250多间房屋被毁，17000人被烧死，8万多人无家可归。这次事件激发了人们积怨已久的情绪，他们指责是沙皇的外祖母安娜·格林斯卡娅施展的妖术所引起的大火。愤怒的人们冲向克里姆林宫，早已知悉此事的安娜慌忙躲到郊外的沃罗布约沃村。沙皇的舅父尤里·格林斯基成了代罪羔羊，他被民众拖出圣母升天教堂，以乱石砸死。为了平息民愤，伊凡四世乘机处理格林斯基家族，夺回被把持已久的权力，更加强化集权统治。

不幸的是，克里姆林宫内的教堂在这场大火中被烧得面目全非。伊凡四世后来决定大规模重建克里姆林宫，以重振帝国的辉煌，并借此笼络民心。于是，一场大规模的重建工程随即展开。莫斯科河畔成了当时莫斯科最热闹的地方，整个城市也变成一个大型的工地。

教堂建成以后，最为明显的变化就是原先的 3 个镀金穹隆被增加成 9 个，就像克里姆林宫的皇冠一样，熠熠生辉。据说在教堂建成的当天，伊凡四世问建筑师，是否能建造出更美的教堂。建筑师恭维地回答“能”。没想到，他的诚实却为自己引来了一场灾难，恐怖的伊凡四世随即命人挖去他的双眼，使他永远无法再建造更美的教堂。伊凡凶残又渴求完美的极端性情可见一斑。

克里姆林宫的重建让年轻气盛的伊凡四世感觉到，宫殿的辉煌只是表面文章，只有继续扩大沙俄的疆域，才能实现自己的抱负。于是，从 1547 到 1552 年间，他亲自率军进行了三次对外战争。不但大败宿敌鞑靼国，而且还兼并了伏尔加河流域鞑靼人的喀山汗国，这被认为是俄国历史上的重要转折点，标志着俄罗斯人彻底改变

莫斯科大火事件使伊凡四世获得机会处理格林斯基家族，同时伊凡四世还建立了俄国历史上第一个议会，以限制贵族特权。

圣瓦西里大教堂是伊凡四世为庆祝俄罗斯打败喀山汗国而建。

沙皇伊凡强化了封建农奴制，不允许农民随意离开村社。这幅漫画说明了农奴的悲惨命运。

1581 年，伊凡四世在盛怒之下打死亲生儿子，“恐怖的伊凡”的称呼因此得名。

了与鞑靼人的力量对比状况，甩掉了多年以来沉重的心理包袱，并展开了新的扩张之路。在亚洲，阿斯特拉罕汗国和西西伯利亚也先后臣服于俄罗斯。在欧洲，伊凡四世侵吞了伏尔加河下游的地区，控制了通向里海的航道。

在经济领域，伊凡四世更强化了封建农奴制度，不允许农民随意离开村庄，这既稳定了统治基础，又为沙皇俄国的对外扩张准备了雄厚的物资。另外，伊凡四世组建了一支宫廷卫队，称为特辖军。他们高大威猛，身穿黑衣，骑着黑马，而为了表示对沙皇的绝对效忠，特辖军的马鞍上会挂着一把扫帚和一个狗头图案。

为了打击国内的大贵族们，伊凡四世建立了沙皇特辖地区制，完全打破了领主政体对沙皇的权力限制。为达目的，伊凡不惜采用极端措施，例如，为了惩罚某个贵族对自己的不敬，伊凡四世就割掉他的舌头，并当着众臣的面把割下来的舌头拿去喂狗。更不可思议的是，1581 年，盛怒的伊凡四世用手杖打死了自己的亲生儿子。甚至连儿子的母亲也遭到惩罚，她被囚禁多日，期间不准饮食，“恐怖的伊凡”称号因此而来。3 年后，伊凡四世去世。此后，俄罗斯政坛中皇位更迭频繁、战乱不断的局面，使得克里姆林宫的大规模扩建工程停止，但“恐怖的伊凡”的故事却深深地镌刻在克里姆林宫内不朽的历史里。

1713 年，彼得一世（Пётр I，1672～1725）将沙俄首都从莫斯科迁往圣彼得堡，克里姆林宫也暂时告别了与帝王相伴的日子。

关于克里姆林宫的历史大事

年代	关于克里姆林宫	历史大事记	文化与社会
1156 年	尤里·多尔戈鲁基大公用木头建造了一座小城堡，取名“捷吉涅茨”。	日本发生保元之乱。	创立于 1088 年的博洛尼亚大学初为法律学校，1158 年改现名，成为正式大学。欧洲最古老的大学之一。
1320 年	伊凡一世用橡树圆木和石灰石建造克里姆林宫，并将屋顶建造成特殊的圆拱形，克里姆林宫成为莫斯科公国的中心。	1321 年，吉亚斯－乌德－丁·图格拉克创建德里苏丹国第三个王朝——图格拉克王朝。	元代画家李衎逝世。

（续表）

年代	关于克里姆林宫	历史大事记	文化与社会
1472 年	伊凡三世迎娶拜占庭帝国的索菲娅·帕列奥罗格公主时，聘请意大利建筑师卢道尔夫·费奥罗万提，重建乌斯宾斯基大教堂（也叫圣母升天教堂）。	羽奴思于 1462 年起统治蒙兀儿国，并于 1472 年开始统治整个东察合台汗国。	《大宝鉴》于 1472～1476 年由斯特拉斯堡的芒特林和吕斯印刷出版，是 18 世纪前西方最大的一部百科全书。
1479 年	位于克里姆林宫中央的乌斯宾斯基大教堂正在修建中。	莫斯科大公瓦西里三世·伊万诺维奇诞生。	越南《大越史记全书》编成。 丹麦哥本哈根大学建立。
1491 年	大公寝宫多棱宫建成，它以严格的建筑比例和立方体形状著称，因正面镶嵌着被削成四面体的白石而得名。	次年，哥伦布初次航行到美洲，仍以为所到之地为亚洲。	亚当之家在法国昂热落成，是一座保存至今的中世纪木构建筑。
1600 年	伊凡大钟楼增至五层，冠以金顶。	英国创立东印度公司。	前一年，西班牙画家委拉斯开兹诞生。
1788 年	参议院大厦（今政府大厦）竣工。理查三世逝世，理查四世在西班牙即位。	俄属芬兰遭瑞军攻击。	英国画家庚斯博罗逝世。 康德出版《实践理性批判》。
1812 年	拿破仑下令用炸弹炸毁克里姆林宫，幸运的是降雨及时扑灭了火焰，因此建筑群大多被保留了下来。	拿破仑率 60 万大军征俄，攻入莫斯科，因补给不足，大败而归。 美国欲夺取英国的殖民地加拿大，美英战争爆发。	前一年，匈牙利作曲家李斯特诞生。
1838 年	克里姆林宫重建，全部由俄罗斯工匠采用本国建筑材料建成，后来作为苏联政府、苏共中央和社会团体举行会议的场所。	前一年，维多利亚女王登基。 英格兰“反谷物法同盟”成立。	法国画家夏斯里奥创作《爱与美之神维纳斯》。 法国作曲家比才诞生。 第一艘蒸汽轮船开始横渡大西洋。
1935 年	克里姆林宫瞭望塔上几百年来象征沙皇权威的双头鹰被拆除，取而代之的是新政权的标志——五颗红色五角星。	前一年，墨索里尼与希特勒在威尼斯会晤。 中国爆发华北事变。 意大利入侵埃塞俄比亚。	前一年，阿加沙·克里斯蒂出版《东方快车谋杀案》。 艾略特出版《大教堂凶杀案》。 1936 年，卓别林出演《摩登时代》。
1961 年	克里姆林宫大礼堂开始使用。	1959 年卡斯特罗领导古巴革命取得成功，1961 年宣布古巴走社会主义道路。	尤里·加加林完成人类首次进入太空的创举。 次年，索尔仁尼琴发表《伊凡·杰尼索维奇的一天》。

（续表）

年代	关于克里姆林宫	历史大事记	文化与社会
1967 年	在克里姆林宫的花园里建列宁全身塑像。	第三次中东战争爆发，以色列吞并东部耶路撒冷、占领约旦河西岸与加沙地带。 20 万人于华盛顿举行反战示威游行。	次年，艺术家杜尚在家中病逝。
1978 年	莫斯科的专家们修复克里姆林宫，整个修复工程持续到 20 世纪 80 年代。	/	中国台湾第一条高速公路——中山高速公路正式完工启用。 全球首例试管婴儿诞生。
1990 年	克里姆林宫与红场被列入世界文化遗产名录。	东西德统一。 1991 年，拉脱维亚与爱沙尼亚脱离苏联，恢复独立。	中国台湾史前文化博物馆（简称史前馆）在台东成立。
2014 年	俄罗斯总统普京下令拆除克里姆林宫内部建筑十四号楼。	乌克兰克里米亚地区爆发冲突。	第 20 届世界杯足球赛在巴西举行。

俄罗斯·圣彼得堡

冬　宫

WINTER PALACE

历经两代女皇的情爱迷宫

通过招募精良工匠、强征农奴、不惜成本运来名贵建材，并搜罗各地珍贵宝藏于此，伊丽莎白女皇费尽心思打造了一座恢宏壮丽的宫殿——冬宫。后来这座宫殿建筑群之一的艾尔米塔什博物馆与英国大英博物馆、美国大都会博物馆、法国卢浮宫和中国故宫博物院并称世界五大博物馆。

俄国最奢华的巴洛克风格宫殿

彼得大帝（又称彼得一世，Пётр I）把俄罗斯从中世纪的泥沼中拖出来，并使之融入欧洲的文明历史，他也留下了让俄罗斯人感到自豪的圣彼得堡城。但这座城市中最美丽的宫殿——冬宫，却并非出自他手。

彼得大帝将都城从莫斯科迁到圣彼得堡以后，一直在涅瓦河边一栋荷兰风格的

彼得大帝时期的皇宫虽然单调而又陈旧，却不失庄重典雅。

1741 年，32 岁的伊丽莎白在禁卫军团的支持下发动政变，登上皇位。她建造冬宫的目的“纯粹是为了全俄罗斯的荣耀”。

1715 年，拉斯特雷利跟随父亲（著名雕塑家）来到圣彼得堡。他大胆地将意大利传统建筑风格和巴洛克建筑风格融为一体，而冬宫成就了他的建筑理想。

建筑里办公，这里略显简陋，但就是最初的皇宫。到了 1718 年，他才下令在今天的艾尔米塔什博物馆附近建造了第二座皇宫。但是新建筑并没有摆脱北欧建筑风格的影响，显得单调而又陈旧。

18 世纪中叶，随着巴洛克时代的到来，俄罗斯的建筑风格开始变得明亮。大约从 1715 年开始，一心想将圣彼得堡打造成欧洲名城的彼得大帝就邀请欧洲著名的建筑大师、艺术家、雕塑家来到圣彼得堡，参加新宫殿的建设。那时，圣彼得堡成了欧洲文化精英的聚集地，意大利的著名建筑师拉斯特雷利也跟着他的父亲来到了这里，他的父亲是意大利知名的雕塑家。

广阔的圣彼得堡为这位年轻而富有激情的建筑师提供了施展才华的舞台，但是真正让他名垂青史的关键人物，却是彼得大帝的女儿伊丽莎白·彼得罗芙娜。

1725 年 1 月，53 岁的彼得大帝病逝，俄国历史进入了一段动荡不安的时期。宫廷政变不断，皇宫的主人转个不停。1741 年，32 岁的伊丽莎白在禁卫军团的支持下发动政变，登上皇位（后人称她为伊丽莎白女皇），俄罗斯的政坛才得以平静下来。

伊丽莎白容貌秀丽，体态丰腴，宫中时常传出她的风流韵事。话虽如此，她在治国理政方面却颇有建树。尤其是准许农民弃农经商、废除国内关税、设立国家贷款银行等措施，顺应了民意并稳定了国内的局势。在她的倡导下，西欧的文化思想渐渐传入俄国，为保守沉闷的俄罗斯思想文化界吹来清新之风。为了加强军事和经济实力，伊丽莎白女皇还开办了莫斯科大学。

直到今天，莫斯科大学一直都是俄罗斯文化与科学中心，有“俄罗斯的教育心脏”之称。在女皇开明政策的影响下，18 世纪之后，俄罗斯涌现出众多科学及文化的大师级人物。另外，她还创立了俄罗斯第一所国家剧院——圣彼得堡剧院。

50 只宫猫，保存文物贡献大

1754 年，伊丽莎白女皇独具慧眼，聘请充满理想又有远大抱负的拉斯特雷利建造她的新皇宫。欣然领命的拉斯特雷利，因为增建新皇宫的浩大工程使他天才般的智慧得到了痛快淋漓的发挥和展示。为了配合工程的进展，女皇下令从全国各地招募经验丰富的建筑工匠，并征来成千上万的农奴在泥泞的沼泽地里造城筑路，将名

18 世纪中叶的圣彼得堡已经初具规模，因为直接可进出波罗的海，成为“眺望西方的视窗”，在这样的城市背景下，建造华美冬宫变得理所当然。

冬宫的看家猫——喀山猫。

贵的建筑材料从国内外不断运达圣彼得堡。

对于工程的建造过程和细节，女皇都要亲自过问，巨细靡遗。经过长达6年的建设，冬宫已初具规模，其规模之大令人惊叹。落成之初共有1050个房间、110个阶梯、1886道门、1945个扇窗，飞檐总长将近2千米。

长方形的冬宫中间是一个宽大的内院，建筑立面样式不一，面向涅瓦河的西北面没有明显的凸缘，采用连绵不断的双层柱廊。面向冬宫广场的西南面被华丽的拱门分割成三个部分。近观建筑的整体和周围的环境，特点迥然不同，但却和谐自然。建筑表面的雕塑非常雅致，色彩绚丽，调配适当，富有张力。窗户上的镀金饰框，栏杆上的雕像以及装饰花瓶，精巧奇异，强化了华丽的效果。

新皇宫刚开始建造之时，伊丽莎白女皇就颁布了一道特别的法令，要求“在喀山一带寻找最大的、机敏的、能抓老鼠的猫送到王宫”，用来保护宫中的珍宝、文物和艺术收藏品。这些忠实的“宫猫”，夏天，在宫内外游荡，捕捉老鼠；冬天，便待在温暖的地下室里。

这约50只猫每天的食物是牛奶和燕麦混合成的猫食，加上其他方面的健康费用，每月大概需要花费150美元。当然，它们的贡献也是不可估量的。由此看来，伊丽莎白也是一个相当懂得投资效率与持家秘诀的女皇。

和世界上其他的宫殿相比，冬宫最为独特和迷人的地方，在于其主体工程是在两任女性皇帝的主导和参与下完成的。

由于伊丽莎白女皇无嗣，就指定远在普鲁士的外甥卡尔·彼得为继承人。

女皇的姐姐安娜在父亲彼得大帝在世时就远嫁普鲁士，去世之后留下了儿子卡尔·彼得。彼得回到俄国后，在他的德国家庭教师的介绍下，结识了普鲁士公主苏菲亚，并订了婚约。

1744年1月，年仅15岁的苏菲亚公主在母亲的陪伴下启程前往俄国。临别时，爱女心切的父亲奥古斯特公爵叮嘱女儿千万要敬重和顺从自己命运所系的未婚夫，不要过问政治，也不要改变宗教信仰，等等。

卡尔·彼得是一个思想平庸、生性怯懦的青年，他与叶卡捷琳娜名存实亡的夫妻生活，只是宫廷中的门面摆设而已。

但是苏菲亚日后并没有遵从父亲的嘱咐。到达俄国以后，苏菲亚改名为叶卡捷琳娜（即叶卡捷琳娜二世）。据说这是为了迎合伊丽莎白女皇，因为曾经与女皇争权的那位姑妈也叫苏菲亚。为了更快融入俄国皇室的生活，叶卡捷琳娜也改信东正教。由于她勤奋好学，很快就掌握了俄语，熟悉了俄国的历史文化和风俗习惯。令人钦佩的是，在学习过程中，她经常半夜起床，光着脚在房间里来回走动，以驱走睡意。与叶卡捷琳娜相比，彼得反而是一个思想平庸、轻薄无知、生性怯懦的无聊青年。他回到俄国20年，竟然说不出一口流利的俄语，此外，他还沉迷于女色。

叶卡捷琳娜策动情人政变

1745年，彼得和叶卡捷琳娜结婚。但婚后叶卡捷琳娜的生活并不顺利，对她打击最大的就是自己的母亲因卷入一起宫廷纠纷，而遭人陷害后被伊丽莎白女皇赶回了普鲁士。叶卡捷琳娜也受到了牵连，她在王室的行动开始受到女皇的严密监视。彼得轻薄寻欢的放荡态度使她的境况雪上加霜，因此夫妻生活成了摆设。在这漫长的压抑和孤寂的痛苦生活的历练下，叶卡捷琳娜变得坚韧、理性和沉稳，这为她以后走上执政之路奠定了坚实的精神基础。

酷爱骑马的叶卡捷琳娜。

1761年底，伊丽莎白女皇在冬宫即将完工之时撒手西去。彼得接替王位，成为彼得三世（Пётр III）。次年冬宫完工后，彼得三世搬进宫中，情妇的房间被安排在皇帝的房间的旁边，而叶卡捷琳娜则被安排在厢房的另一侧。

伊丽莎白女皇的离世，使叶卡捷琳娜看到了登上皇位的契机，而彼得三世的无能则成全了她压抑许久的愿望。她与情夫奥尔洛夫秘密策划着政变。首先，她看准时机秘密地和英、法联系。英、法两国为了自身的利益，害怕俄、普进一步靠近，因此都支持叶卡捷琳娜夺取皇位。其次，叶卡捷琳娜又积极争取地主和贵族们的支持，承诺执政后将扩大贵族的特权。

万事俱备以后，叶卡捷琳娜于1762年6月28日与情夫奥尔洛夫联手策动了禁卫军叛乱，之后她成功地登上了皇位，她也被称为凯瑟琳二世或凯瑟琳大帝。

原来的沙皇彼得三世，则被囚禁在圣彼得堡城郊的一所偏僻的别墅里面。不久之后，彼得三世在软禁地的一场酒醉斗殴中被人击毙，幕后主使者就是叶卡捷琳娜。随后，她又派人杀害了另外两位觊觎皇位者。一个是曾被伊丽莎白女皇废黜的伊凡六世，另一个是禁卫军军官米罗维奇。就这样，沉稳老练的叶卡捷琳娜成功地坐上了皇帝的宝座，由此开始了俄国历史上的“光辉岁月”。

凯瑟琳大帝执政以后，为了答谢曾经支持她的大地主和大贵族们，空前加强了封建农奴制的专制制度。她把许多土地，连同土地上的农民赏赐给贵族，同时规定，贵族可以买卖农奴，而农奴在任何情况下都不得控告贵族地主。这一时期也被看作是俄国农奴制的鼎盛时期。此外，她还于1775年残酷地镇压了普加乔夫的农民起义，使俄国农民生活在水深火热之中。

俄国的版图在凯瑟琳大帝时期得到了疯狂的扩张。在欧洲，她联合普鲁士、奥地利三次瓜分波兰，攫取了大片领土。她还发动了对土耳其的战争，夺得了黑海沿

奥尔洛夫是叶卡捷琳娜的宠臣和情夫，对她极为忠心。

波尼亚托夫斯基伯爵是叶卡捷琳娜情夫之一，后来叶卡捷琳娜为了摆脱他，便任命他为波兰的国王。

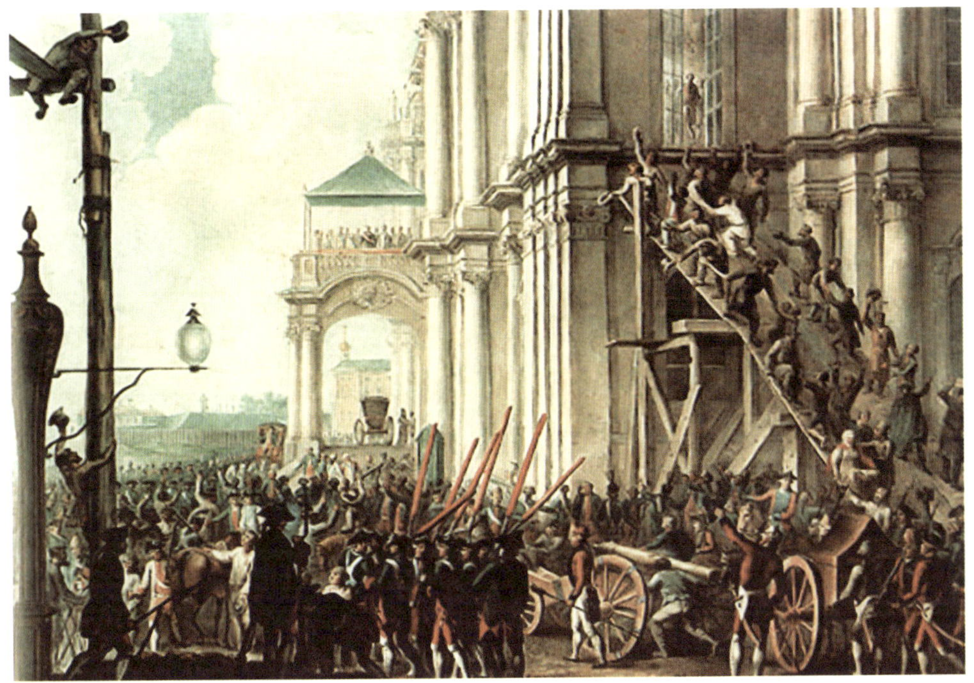

1762 年 6 月 28 日，叶卡捷琳娜联合情夫奥尔洛夫策动了禁卫军叛乱，之后她成功登上了皇位。

为了保护艾尔米塔什不受海水的威胁，工人们在宫殿的外侧修建了坚固的防水堤。

岸的大片土地，使俄国的船队能够顺利通过博斯普鲁斯海峡和达达尼尔海峡。她甚至狂妄地说："要是我能活上两百岁，整个欧洲将置于俄国的统治之下。"但讽刺的是，1790 年 7 月爆发的"瑞典海峡之战"便打击了凯瑟琳大帝的野心。这场战争双方参战的兵力达到 3 万人，大炮 3000 架，舰船 500 多只。在大风大浪的海面上，俄罗斯海军的大炮失去了准心，瑞军以牺牲 6 艘战舰和 6000 多名士兵的代价，击沉了 50 多艘俄军战舰，大约有 9000 多名俄军士兵丧失了生命。8 月 14 日，俄罗斯被迫签署和约，归还了占领的瑞典领土。

在镇压农民起义和发动对外侵略战争的同时，凯瑟琳大帝也没有忘记打造一座自己喜爱的宫殿。当时俄罗斯的建筑发展已经步入了一个新纪元，巴洛克建筑风格逐渐淡出历史的舞台，具有希腊和罗马建筑风格的古典主义风格逐渐被俄罗斯上层社会所喜爱。

严谨简洁、雄伟庄严成了那个时代的主流取向，这也恰好与女皇的个人喜好吻合。因此，具有古典主义风格的欧洲建筑师在冬宫的新主人凯瑟琳大帝的授权下，开始了对冬宫的新一轮改造。宫殿内部除继续进行装饰并对原设计做了一系列改变之外，在冬宫附近沿涅瓦河岸东北方向，建造了日后被统称为"艾尔米塔什"的建筑群，进一步丰富了冬宫的建筑内涵。

1764 年，凯瑟琳大帝为了收藏个人的艺术品和战利品，决定在冬宫旁边建造一座新的建筑。于是，建筑师建造了一座兼具古典主义风格和巴洛克风格的建筑。1767 年到 1769 年，女皇又下令建造了一座专门供皇室休息、举办小型演出和接待客人的宫殿。后来，还建造了一个小花园，这个花园将南北两座小宫殿连接起来，花园里面有花坛、草坪和小径，别有情趣。1775 年整栋建筑完成以后，被女皇称为“小艾尔米塔什”。在小艾尔米塔什建设后期，贪婪的女皇决定再建造一座宫殿以满足不断增多的收藏品，同时兼作图书馆。

宫殿在 1787 年整体竣工以后，被称作“大艾尔米塔什”。后来，大、小艾尔米塔什和艾尔米塔什剧院连成了一体，虽然建筑风格和冬宫差别较大，但是却维持了历史文化的延续性，并在整体上保持着自然的协调。

在凯瑟琳大帝的一生中，除了功名显赫的政绩以外，她和情人之间数不清的故事也被后人津津乐道，仇视她的人因此讥讽她为“北方的荡妇”。虽然她并不漂亮，但她却有一种天生的迷人气质，这是因为她超乎常人的智慧。奥尔洛夫是她最早的情人之一，他对凯瑟琳大帝的爱恋和忠诚在宫廷政变中得到了证明。早在彼得三世当政时期，奥尔洛夫与凯瑟琳就往来密切，凯瑟琳还秘密生下一个男孩，孩子出生以后被包在海狸皮里偷偷送出了冬宫，这个孩子的后裔后来成为俄罗斯相当显赫的家族。

在奥尔洛夫之前，凯瑟琳大帝还曾与波兰的波尼亚托夫斯基伯爵有私情，后来凯瑟琳大帝任命他为波兰国王。凯瑟琳大帝会和波尼亚托夫斯基伯爵在一起，与其说是感情的结合，不如说是政治的需要更有说服力。

凯瑟琳大帝一生中最为传奇的“罗曼史”却发生在她 51 岁高龄时，这次的对象是一名高大魁梧、头发蓬松，但却瞎了一只眼的男子。他名叫波坦金，约比凯瑟琳大帝小 10 岁。这场爱情与政治游戏的结果是，波坦金帮助她征服了克里米亚。1796 年，67 岁的凯瑟琳大帝因中风逝世，把辉煌和浪漫留在了冬宫。

尼古拉一世暴毙冬宫之谜

在冬宫的历任沙皇中，尼古拉一世是一个谦和礼让的帝王。1825 年，意志薄弱、优柔寡断却推崇自由主义思想的沙皇——亚历山大一世意外死亡。由于身后无嗣，按照皇位继承法理应由其弟康斯坦丁继承皇位。但是康斯坦丁正在华沙，并同时担任波兰王国军队总司令，而且娶了一个非皇族血统的波兰女子为妻。根据皇位继承法，即使他继承了皇位，也不能在其死后将皇位传给自己的子孙，因此，康斯坦丁索性放弃了皇位继承权。

就这样，亚历山大一世的三弟尼古拉就变成了第一继承人，而且亚历山大一世生前也曾签署过三封传位给尼古拉的诏书。尼古拉对此不以为意，反而仍然视自己的二哥为皇位继承人，并向他宣誓效忠。远在华沙的康斯坦丁闻讯后，派人通知弟弟自己无意于皇位，恳请尼古拉尽快继位。与冬宫中血腥的篡权夺位的场面相比，两兄弟如此互相推让皇位，简直让人难以置信。最终，当尼古拉再次收到康斯坦丁既不要皇位，也不返回圣彼得堡的信件后，才决定登基。

表面看来，尼古拉一世似乎是一位谦让的沙皇，其实他是一个冷血无情的统治者。自当政那天起，他就一直生活在革命的恐惧中。

尼古拉一世继位以后，为巩固皇权，改变了原本谦让的个性。他残酷地镇压名为“十二月党人起义”的政变运动。政变发动者是一群推崇自由主义思想、尊崇西方社会和生活的贵族军官。1825 年 12 月 14 日，在一个寒冷的早晨，这些贵族军官，穿越参议院广场，发动进攻。经过短暂的交战，起义被镇压下去。所有的政变策划者都被逮捕，尼古拉一世亲自审问政变的领导者，判处极刑，并将其他人流放到西伯利亚。

另外，尼古拉一世设立了秘密警察，并加强了对自由思想和革命运动的压制。尼古拉的倒行逆施

1825 年 12 月 14 日清晨，一些尊崇西方社会的贵族军官，正要穿越参议院广场，发动兵谏。

1837 年 12 月，一场莫名的大火几乎将冬宫内的装饰烧成灰烬，还好所有造型艺术品、器具和其他珍贵文物都被抢救了出来。

图为 1840 年装修完毕后的冬宫内饰。

终于在 1837 年 12 月得到了痛苦的“报应”。17 日到 19 日，一场莫名的大火几乎将冬宫内的装饰烧成灰烬。万幸的是，所有造型艺术品、器具和其他珍贵文物都被抢救了出来。恼怒的尼古拉一世下令全部采用白色大理石装饰冬宫，以杜绝后患。经过严格的挑选，产自意大利的卡拉拉大理石被选中。卡拉拉大理石平整、细腻，而且具有非同寻常的庄严感，这与冬宫大厅内装饰成镀金图案的天花板和由珍稀木材镶拼的地板协调一致、和谐美丽。

冬宫内的孔雀石客厅是用孔雀石装饰的唯一保留完整的起居厅，因此艺术价值极高，也最为珍贵。厅内 8 根立柱和同样数量的壁柱以及两个壁炉均由孔雀石砌成，并采用了复杂的“俄罗斯马赛克”技术。鲜绿色的孔雀石与天花板以及柱冠上华丽的镀金装饰交相辉映，艺术效果极其鲜明。

修复后的冬宫又被重新注入了生命力，然而俄国却步入了落日余晖之中。尼古拉一世在和欧洲列强争霸欧洲的过程中力不从心，尤其是拖延已久的克里米亚战争，拖延已久的克里米亚战争把俄国拖入了深渊。1855 年 9 月 8 日，被英法联军围困在塞瓦斯托波尔达 349 天的俄军被迫谈判求和。图为被围困的俄军。

更将俄国拖入了战争的深渊。更讽刺的是，一个严厉推行军事统治的沙皇，在自己的国土上居然输掉了战争。英法联军的供给线，长得可以环绕大半个地球，而具有天时、地利的俄军却被打得落花流水，这使尼古拉一世颜面尽失。

1855 年 3 月 2 日早晨，圣彼得堡天寒地冻，大雪覆盖。冬宫中突然传出尼古拉一世驾崩的噩耗，俄罗斯朝野一片哗然。时至今日，史学家对于他死亡的真实原因，依旧存在着分歧。其中一派史学家认为尼古拉一世极有可能是“暴毙身亡”。因为当时冬宫曾发布公报说，沙皇是“感冒引发肺炎而死亡”，这在当时是极有可能的。另一派史学家则认为尼古拉一世是自杀而亡。由于尼古拉一世身体健壮，卧病在床也没有几天，而在此之前，沙皇因战争的失败而长期处于抑郁状态，所以服毒自杀更为可能。无论如何，尼古拉一世把这个百年之谜永远地留在了冬宫。其实，隐藏在这座宫殿里面的谜团又何止于此！

艾尔米塔什博物馆的收藏

艾尔米塔什博物馆位于圣彼得堡的涅瓦河边，属于冬宫建筑群之一。艾尔米塔什博物馆共有 1000 个展览厅，对公众开放的有 350 个。展出的艺术品约占全部收藏品的 20%。艾尔米塔什博物馆每年在国外举办很多的展览，并积极地在不同国家开设自己的分支机构。在伦敦、阿姆斯特丹都拥有展览中心，每年参观艾尔米塔什博物馆的游客人数超过 200 万。

在约 250 年的时间里，艾尔米塔什博物馆收集了近 300 万件从石器时代至当代的世界文化艺术珍品，并与英国大英博物馆、美国大都会博物馆、法国卢浮宫和中国故宫博物院并称为世界五大博物馆。

艾尔米塔什博物馆从创建以来，就一直有猫住在这儿，以防止老鼠损害收藏品。馆藏分西欧艺术部、古希腊艺术部、俄罗斯文化史部、古钱币部、军械库、科学图书馆、科学技术鉴定部及钟表与乐器修复部。

西欧艺术部是博物馆设立最早的分部之一，也是最大的一个分部。其中又分成六个展区：13～18世纪彩色画与19～20世纪的彩色画、线条画、版画、实用艺术、金属制品和宝石，储藏着近60万件展品。收藏达·芬奇、拉斐尔、马蒂斯、雷诺阿、高更等绘画巨匠的精品。西欧艺术品的日常展览要占据艾尔米塔什博物馆120个展厅。古希腊艺术部为最古老的分部之一，它分为两个展区：古希腊与古罗马、古黑海北岸地区，约有14万件展品，有关古希腊的文物超过10万件，它们反映了古希腊、古罗马以及古希腊在黑海北岸殖民地的文化与艺术。其中最古老的文物属于公元前3000年，最晚的属于公元4世纪。

俄国文化史部是最年轻的一个分部。它创设于1941年4月，文化史部有50余个展厅，30多万件展品。这些丰富的展品反映了俄罗斯千余年的历史。古钱币

这幅马蒂斯的名作《红色餐桌》，被收藏在冬宫的艾尔米塔什博物馆中。

部是博物馆最古老的分部之一。它最早的一批收藏品是叶卡捷琳娜二世于1764年购买的钱币与奖章，有超过100万件展品，若按照收藏品的数量计算，古钱币部的藏品占博物馆全部收藏品的三分之一。艾尔米塔什博物馆的古钱币部是俄罗斯久负盛名的最大的古代钱币收藏机构之一。

军械库是一个独立的部门。收藏有不同国家、不同时代的近16000件军械样品。科学图书馆自建馆之日起就是艾尔米塔什博物馆不可分割的一部分。目前，艾尔米塔什图书馆收藏着70万册关于艺术、历史、建筑学及文化类图书，涵盖欧洲与东方各种语言。藏有珍稀图书与手稿近1万册。科学技术鉴定部成立于1936年，当时拥有世界上最早的X光照射室。该部是俄罗斯最大的文化艺术品鉴定中心之一，主要工作是对材料与技术进行研究，利用现代自然科学技术对博物馆的收藏品展开技术鉴定与确认。钟表与乐器修复部成立于1995年，它的工作是对艾尔米塔什博物馆所有的钟表与乐器进行研究、修复与维护。

关于冬宫的历史大事

年代	关于冬宫	历史大事记	文化与社会
1721年	冬宫始建于1721～1762年，是俄罗斯圣彼得堡的标志性建筑。建成之初到1917年罗曼诺夫王朝结束，一直是俄国皇宫。[1]	1721年，瑞典与俄罗斯签订《尼斯塔特和约》，瑞典割让立窝尼阿、爱沙尼亚、卡累利亚等地给俄罗斯。自此，瑞典昔日在北欧的霸权被俄国所取代。	法国画家华多去世。
1754年	伊丽莎白女皇聘请意大利建筑师拉斯特雷利建造冬宫，女皇在位期间冬宫已具有皇家博物馆的格局。	前一年，考尼兹担任奥地利女皇特利莎的顾问，并在伦敦建立大英博物馆。	前一年，雷昆托开始为埃斯科里亚尔修道院绘制湿壁画。
1762年	冬宫落成。	叶卡捷琳娜二世即位为俄罗斯女皇。	卢梭完成《社会契约论》。巴雷第发表《家庭书简》。

[1] 一作冬宫始建于18世纪中叶，是俄罗斯古典主义风格。见：《辞海》（第六版缩印本），上海辞书出版社，2010年4月第1版，2016年2月第11次印刷，第402页。

（续表）

年代	关于冬宫	历史大事记	文化与社会
1764 年	叶卡捷琳娜二世女皇下令，大力扩充冬宫的规模，建立艾尔米塔什博物馆。	里约热内卢被定为巴西总督区首府。	莫扎特创作《第一交响曲》。 伏尔泰出版《哲学辞典》。 歌德发表《旅行家》。
1787 年	冬宫扩建工程竣工。	美国通过《联邦宪法》。 奥地利国王约瑟夫二世和俄国的凯瑟琳二世签订联盟条约。	席勒发表《唐・卡洛斯》。 安德列・谢尼埃发表《田园诗》。
1837 年	一场大火将冬宫焚毁。	英女王维多利亚即位，将英国国势推向鼎盛。	莫尔斯发明电报机。 狄更斯发表《孤雏泪》。 俄国作家普希金去世。
1838～1839 年	冬宫展开重建工程。	1839 年，林则徐在虎门销毁数量庞大的鸦片。	1839 年，俄国作曲家穆索尔斯基诞生。 柏辽兹发表交响曲《罗密欧与朱丽叶》。
1850 年	俄国有一项特别的法律规定：圣彼得堡市所有的建筑物，除教堂外，都要低于冬宫。	道光皇帝去世。次年咸丰皇帝继位。 奥地利与普鲁士缔结《奥尔米茨条约》。	狄更斯发表《大卫・科波菲尔》。
1905 年	沙皇政府枪杀前往冬宫请愿的群众，史称“流血星期日”事件。	瑞典和挪威分成两个国家。 第一次摩洛哥危机爆发。	爱因斯坦发表《狭义相对论》。
1917 年	参加十月革命的起义群众攻下冬宫，逮捕临时政府各部部长，这座昔日皇宫回到人民手中，结束了它作为皇宫的历史。	芬兰宣布脱离俄罗斯独立。 俄罗斯爆发二月革命，沙皇尼古拉二世宣布退位。 美国加入协约国。	美国肯尼迪总统出生。 法国雕塑家罗丹去世。
1945 年	第二次世界大战结束，苏维埃政府开始重修冬宫。	美、苏、英三国首脑在雅尔塔举行会议。 盟军攻入柏林，希特勒自杀，德国投降，在欧洲方面的战事结束。 《波茨坦公告》发布。 美国分别在日本广岛、长崎投下原子弹。 日本宣布无条件投降，同盟国获得第二次世界大战的最终胜利。 联合国成立。 印度尼西亚宣布独立。	1946 年，电子计算机出现。 英国作家奥威尔发表《动物农场》。

西班牙 · 格拉纳达

阿尔汗布拉宫

ALHAMBRA PALACE

阿拉伯风的迷幻奢华宫殿

宫院两旁有夹道的桃金娘树和大理石柱廊构成的画廊。彩色天花板由西洋杉木雕刻成星状，上面还有透天小窗，代表伊斯兰世界的天堂。灿烂的阳光被切割成金黄色的碎片，这些碎片像马赛克似的洒在阿拉伯风格宫殿的地面上。

摩尔人的红色城堡

阿尔汗布拉宫位于西班牙古城格拉纳达，是西班牙的著名王宫，也是世界上保存最完好的阿拉伯王宫之一。因为整座宫殿建在格拉纳达城东的红色山丘上，而且建筑中使用的建筑材料也是红色的，所以阿尔汗布拉宫常被称为“红宫”。“阿尔汗布拉”的本意就是“红堡”的意思。整座宫殿建筑群占地约 14.1 公顷，四周环以高大结实的城垣和数十座城楼，是现存最早的摩尔人建筑。国王住在壮观、威严的阿尔汗布拉城堡里面，大臣和妃子们则住在附属宫殿里。

5 世纪，西哥特人洗劫了罗马城后，越过比利牛斯山，进军西班牙。

壮观、优美的阿尔汗布拉宫是世界上保存最完好的阿拉伯王宫之一，它建在西班牙的格拉纳达城东的红色山丘上，而且建筑中使用的建筑材料也是红色的，故有“红宫”之称。

日耳曼人中的西哥特族属于好战的民族，图正中人物为西哥特人的首领阿拉里克。

阿尔汗布拉宫附近的花园环境优美，气候宜人，是难得的避暑胜地。站在此处，可俯视全城。花园中的玫瑰、橘树和桃金娘树是摩尔人遗留下来的，芬芳馥郁、宁静清新，它们见证过这里所有的一切，是活生生的历史文物。花园的秀美甚至超过了宫殿本身，宁静的池塘和涓涓的喷泉，幽凉而鲜活。

如今的人们也许很难想象，为什么在一个传统的欧洲国家，受阿拉伯文化的影响却如此之大，而且至今仍挥之不去呢？只要看一下西班牙的历史就会明白，历史上的西班牙历经了不同民族的统治。外来文化的融合造就了西班牙的多元文化。同时，由于西班牙所在的伊比利亚半岛独立于欧洲大陆，因此保持了多元文化的独立性。这就是阿尔汗布拉宫作为伊斯兰建筑的杰出代表能够保留至今的主要原因。

大约在公元前 2500 年，高加索山脉的伊比利亚人就移居到伊比利亚半岛上，创建了新石器时代的巨石建筑的伟大文明。公元前 11 世纪至公元前 5 世纪，是伊比利亚半岛民族大融合的重要时期。腓尼基人与希腊人登上伊比利亚半岛，建立了殖民地和贸易中心。大约 400 年后，法国和英国的凯尔特人迁入此地。至此，半岛上的居民被统称为凯尔特—伊比利亚人。

伊比利亚半岛的前途和命运曾被迦太基人和罗马人掌控。公元前 241 年，罗马人把迦太基人赶出了西西里岛，而意图东山再起的迦太基人在其首领哈米尔卡的率领下，退居北部非洲，转战伊比利亚半岛，积聚能量。最终，西班牙不但成了迦太基人的避难所，而且还被他们统治。迦太基人在半岛的统治仅维系了 30 多年，之后再次被罗马人追杀，并被永远地逐出了西班牙。罗马人又经过长达 200 年的武力征服，才在公元前 19 年征服了西班牙，建立了屋大维（奥古斯都）统治下的和平盛世。罗马人先进的文明促进了西班牙文化的发展和变革，拉丁语逐渐成为半岛上的统一语言，进而成为日后西班牙统一的有利条件。1 世纪，基督教开始在西班牙传播开来。

随着罗马帝国的衰落，曾经是罗马雇佣军的日耳曼族的西哥特人开始统治西班牙。公元 410 年，西哥特人在阿拉里克的领导下穿越阿尔卑斯山，洗劫了罗马城之后，再度越过比利牛斯山，进军西班牙，建立了君主政体的王国。此时的西哥特人经历了罗马文明和基督教文化，变得开化和文明。他们不但融入了西班牙的先进文化，而且后来还把罗马天主教定为国教。

因此，他们的统治较为顺利。但由于西哥特国王威希亚不遵行君主由选举产生的传统做法，而导致国家分裂。公元 710 年，他让自己的儿子阿吉拉继位，而贵族和主教会议则另外选定了继承人罗得瑞公爵，以示抗议。就这样，北方由阿吉拉继位执政，南方则由罗得瑞公爵主政，而这种分裂状态，为以后摩尔人占领伊比利亚半岛埋下了伏笔。

倾城美女沦陷西班牙

据说摩尔人能够入侵成功的根本原因是一个绰号为“卡瓦”的美丽女人，她原名为萨罗丽达，是休达总督朱利安伯爵的女儿。有一天，萨罗丽达在河边洗澡时，被新继位的罗得瑞看上了，于是就吩咐手下将萨罗丽达强行带走，逼其成婚。虽然朱利安伯爵迫于罗得瑞的淫威，答应将女儿许配给他，但他对这样的耻辱始终无法释怀，于是就集结了一批反对势力，想要暗中颠覆政权。由于罗德瑞这方无法凝聚民心全力抵抗摩尔人的势力，最终导致国家的沦陷。

为了结束分裂状态，威希亚家族请求摩尔人协助，剿灭南方的分裂势力。公元711年7月，一支由12000名摩尔人组成的远征军，在伊本·齐亚德的率领下，跨越海峡，踏上了直布罗陀岩山，建立桥头堡。

7月19日，在瓜达莱特河沿岸，罗得瑞乘坐象牙车抵达战场。他按照国王出征的传统，乘坐一匹白马、身穿红袍、头戴金冠、足蹬银线锦缎靴子。而对手摩尔骑兵则骑在长尾小马上，手持短矛或弯形大刀，斗志昂扬。

双方展开激烈热战，战力不佳的西哥特军队最后兵败。不过，摩尔人在搜寻战场时，却没有找到罗得瑞，只发现他的白马陷进泥坑，不远处有一只银线锦缎靴。

罗得瑞的失败为摩尔人敞开了伊比利亚半岛的大门，他们像龙卷风似地席卷而过，一路南下。在萨拉曼卡，摩尔人消灭了仍然忠于罗得瑞的极少数部队，宣布西班牙归于伊斯兰帝国。就这样，曾经抵抗罗马军团200多年的西班牙，不过区区几天就沦为殖民地。半岛上的居民惶恐地目睹着摩尔军队的涌入，心生疑惑："难道这些骑马扬尘的棕色皮肤的摩尔人，就是我们的新主人？"

摩尔人横扫了西班牙后，并没有如威希亚家族所愿，回到北非，而是建立了自己的统治系统，控制了大部分的半岛地区。但是与原先罗马政权不同的是，摩尔人入侵者只有一个名义上的政治和精神领袖"哈里发"。摩尔人彼此互相争夺地盘，斗争不断，加上半岛内部不同民族的反抗斗争，西班牙被分割成23个小国，也削弱了摩尔人在半岛上的力量。尤其是，十字军和欧洲的基督教国家在教皇的号召下，向异教徒宣战，对摩尔人的统治更是沉重的打击。

1246年，在"圣者"斐迪南三世的攻击下，伊斯兰各国遭受重创，摩尔人在西班牙的势力被削弱。这时，西班牙全境几乎都在基督教徒诸王手中，被基督徒军队一路追杀的阿赫马尔王被迫迁都到了格拉纳达，并修筑阿尔汗布拉宫作为抵御基督教军队进攻的要塞。可见阿尔汗布拉宫是以作为一个"城堡宫殿"为前提而修建的，因此，其建筑特点既有城堡的防御功能，也有皇宫的富丽堂皇。

由于西班牙基督徒军队内部的分裂造成的政派之争，使半岛无法统一。这种割据的局面，也使得定都格拉纳达的摩尔王阿赫马尔有了喘息的机会。他自立为穆罕默德一世，之后便开始长达250年的新王朝，也因此让阿尔汗布拉宫得以逐步妥善地修建完成。

摩尔人在伊比利亚半岛建立政权以后，和基督教徒之间的斗争不断。这幅壁画描述了当时的交战场面。

为了保证国家的安全，坐稳王位，穆罕默德一世将与基督教国家交好摆在外交政策的首位。他甚至不计前嫌，出兵帮助斐迪南三世攻打其他小国。基督教军队在科尔多瓦、塞维利亚和安达卢西亚的战争连续告捷，伊斯兰难民纷纷涌入格拉纳达，城市人口迅速增加。在这得来不易的和平环境，加上连年风调雨顺，格拉纳达的农业经济相当发达，科学和艺术也得到了长足的发展。这一切都为阿尔汗布拉宫的修建奠定了良好的基础。

修筑于水间的天堂楼阁

14 世纪尤索夫一世（Yusuf I，1318～1354）及其子穆罕默德五世时期，因国运昌盛、民生富饶，阿尔汗布拉宫得到大规模扩建。宫殿的主要建筑是两处宽敞的长方形宫院和与之相邻的厅室：一处为尤索夫一世修建的桃金娘宫，另一处为穆罕默德五世下令修建的狮子厅。

其中桃金娘宫长 42.67 米，宽 22.56 米，中央有大理石铺设的水池。因为《古兰经》中描述“天堂”就是“水流经过的亭阁”，所以虔诚的摩尔人相信天堂就在不远的地方。

宫院两旁有夹道的桃金娘树和大理石柱廊构成的画廊。边长 11.28 米的正方形大使厅就在这里，而高 22.86 米的宏伟方塔位于大使厅中间，是典型的阿拉伯建筑造型。方塔和回廊倒映在水中，喷泉落珠轻敲着平静的水面，泛起点点涟漪，壮美的“静”与纤丽的“动”交织在一起，闪烁迷蒙。

摩尔人的市集，呈现出繁荣的景象，在这样充裕国力的支持之下，阿尔汗布拉宫得以大规模扩建。

大使厅内还设有摩尔王的御座，是摩尔王接待外国使节和接受大臣们觐见的专用座位。厅内彩色的天花板由西洋杉木雕刻成星状，上面还有透天小窗，代表伊斯兰世界的天堂。马蹄形的窗户别具特色，灿烂的阳光被切割成金黄色的碎片，这些碎片像马赛克似的洒在阿拉伯风格宫殿的地面上，五彩迷离。在这里，还可以远眺格拉纳达迷人的风光。后来，登上此处的西班牙国王查理五世曾对着窗外的美景感叹道：“失去这一切的人，

装饰奢华、精美的阿尔汗布拉宫，是格拉纳达耀眼光环上的一颗明珠。

查理五世曾对着宫殿窗外的美景感叹道："失去这一切的人，真是太不幸了。"可见，阿尔汗布拉宫的建造也兼顾到了景观的规划。

真是太不幸了。"

狮子厅宫长 35 米，宽 20 米。124 个镂空花纹的大理石圆柱环绕而成的回廊空灵轻巧，中间有模仿西妥教团形式的建筑。宫院内彩砖铺就的地面平整光滑，色彩亮丽。四周墙壁足有 1.52 米高，镶有蓝黄相间的彩砖，复杂奇幻的几何形纹饰和阿拉伯文字图案布满整个房间。

宫院中狮子泉中心的喷泉是由一个雕有 12 头象征力量与威武的白色大理石狮子驮着，向四周各引出一道小渠。北端是双姐妹厅，内有阿尔汗布拉宫最精致的蜂巢状圆顶，据说有 5000 多个窝洞。而厅中也有水泉，从山上引来的泉水由这里流向宫院中心的喷泉。宫殿东面是坛状的帕尔塔花园和迷人的贵妇塔。

虽然阿尔汗布拉宫从外表看起来更像一座强大的堡垒。但是它的珍贵之处，除了本身是典型的阿拉伯建筑结构以外，还在于它精雕细琢的内部装饰，如天花板、石膏墙上细密如丝的浮雕、蔓藤花纹和大理石柱上的镂空花纹等。园中池塘和水渠有序的景观规划，恰到好处。可见，摩尔人近乎奢侈的精致考究工艺，成就了阿尔汗布拉宫的永恒。

格拉纳达异教徒的礼物

阿尔汗布拉宫基于其特殊的历史背景，因此它是伊斯兰文化与基督教文化的共同产物，这种看似矛盾的和谐不仅被后来的人们所接受，而且还得到了充分的延续和发扬。西班牙统一之后，西班牙国王曾经下令整修，保存了阿尔汗布拉宫的完整性。

虽然后来阿尔汗布拉宫遭到了局部破坏，却丝毫不影响人们对宫殿本身的评价。如今当地人用一句话来形容它的绝美珍贵：“世上没有比生在格拉纳达，却是个瞎子更悲惨的遭遇了。”阿尔汗布拉宫是格拉纳达耀眼光环上的一颗明珠，无时无刻不在散发着诱人的光芒。

在人们的印象中，军事征服往往极具毁灭性，但是阿尔汗布拉宫却改变了这个逻辑。作为异教徒的宫殿，基督教的君主们在占领格拉纳达后，不仅没有毁坏阿尔汗布拉宫的一草一木，反而爱护有加。

1474 年，西班牙北部两大强权国联姻，亚拉冈国王斐迪南娶了卡斯提尔的伊莎贝拉女王为妻。这并非王国的统一，两地仍然保有自己的议会和行政机构，并由自己的王位继承人来继承王位。让人羡慕的是，两人都很年轻，年龄相加都不到 50 岁。这种年轻的爱情与荣耀的结合，构成极为美妙的韵事。

伊莎贝拉有一头闪亮的金发、蓝绿色的眼珠和娇媚的身材。她爱好运动，能骑乘烈性的骏马，而且喜欢猎鹿，甚至能用长矛戳杀比人还大的公熊。斐迪南是一个

1474 年，西班牙北部两大强权国联姻，亚拉冈国王斐迪南娶了卡斯提尔的伊莎贝拉女王为妻，开启了西班牙历史的新时期。

斐迪南和伊莎贝拉从教皇手中取得“圣谕”，设立宗教法庭，审判异教徒。

摩尔王朝政权的更迭给了早已虎视眈眈的斐迪南绝佳的机会，他趁机攻打格拉纳达。

才思敏捷、活泼英俊的骑士，也擅长各种体育运动。据说他风姿翩翩、剑术高超，极能吸引女人的注意。两人的政治联姻似乎是天意，他们结束了西班牙的封建统治，而建立了君主制的国家政权。在政治生活中，多是斐迪南主导，伊莎贝拉只是她丈夫的忠实合作伙伴。“感谢上帝赐予我的一切幸福，其中最快乐的就是赐予我这个极好的丈夫。”这是伊莎贝拉的真情表露。

婚后 4 年，斐迪南和伊莎贝拉决定让西班牙成为信奉天主教的国家。他们从教皇手中取得圣谕，设立宗教法庭，审判异教徒。另外，他们还组织了 10 万西班牙士兵，准备随时进军格拉纳达。这意味着作为伊斯兰风格建筑代表的阿尔汗布拉宫 240 余年的辉煌时光即将结束。

摩尔国王哈桑统治时期，宫廷内部斗争愈加激烈，国家实力大不如前。这时候，哈桑又爱上了一位美丽的女基督徒。跨越信仰的爱情当然是值得赞美的。但是毕竟哈桑位高权重，而且拥有妻室。陷入爱河的哈桑却不听劝阻，执意要娶这位基督徒女孩为妻，并废除现在的皇后阿耶莎。走投无路的阿耶莎皇后被迫离开了格拉纳达城。皇后的出走直接导致了宫廷内部两大派系的对立，支持国王的一派叫塞格利斯派，支持皇后的一派叫阿贝塞拉斯派。随着两派斗争的加剧，阿贝塞拉斯派逐渐占了上风，他们逼迫哈桑退位，立其子波亚迪尔为王。1485 年，哈桑被迫让位给波亚迪尔。

摩尔朝中政权的纷乱更迭，给了早已虎视眈眈的斐迪南绝佳的机会。他趁机攻打格拉纳达，俘虏了年轻的摩尔王波亚迪尔。1491 年末，波亚迪尔亲自将格拉纳达的钥匙交给斐迪南，以示投降。格拉纳达沦陷了，阿尔汗布拉宫也告别了最后一位摩尔主人。当波亚迪尔率领残余部队退出格拉纳达，进入荒野的阿尔普亚拉山时，回头望了一眼阿尔汗布拉宫，他的母后悲痛地呵斥他说："你简直像是一个怯懦的女人，怎能守得住城池？"从此，阿拉伯人在西班牙长达 8 个世纪的统治结束了。

稍后，天主教军队进驻了阿尔汗布拉宫，斐迪南十分喜欢这座伊斯兰王宫，将其视为珍宝，并经过大肆装修后，当作了自己的行宫。可是，由于斐迪南本人忙于

格拉纳达的摩尔人向斐迪南的军队投降以后，阿尔汗布拉宫失去了最后一位摩尔主人。

征战，阿尔汗布拉宫往后的大部分时间里都处于荒废状态。

伴随着摩尔人离去的步伐，西班牙开始了历史上的辉煌时期。哥伦布发现新大陆之后，西班牙占领了大片的海外土地，致力于海外殖民投资，揭开了大航海时代的序幕。殖民者不仅将大量的黄金带入西班牙，而且原产美洲的马铃薯、西红柿、可可等植物也传入了欧洲。1494 年，罗马教皇发布诏令，新大陆的许多地方被划归西班牙所有，并鼓励斐迪南和伊莎贝拉继续开辟新的领地。黄金、权力和海外殖民地成了斐迪南和伊莎贝拉狂热追逐的目标。同时，天主教成了他们改变和教化当地人的工具。在偏远的地区，殖民主义者建立起新的教堂、学校等来贯彻他们的宗教思想。

汤姆斯・托奎马德是西班牙历史上第一任宗教法庭的庭长。

但是格拉纳达城中的异教徒却遭到了镇压，成为天主教国君辉煌国度下最为凄惨的一幕。17 万犹太人遭到驱逐，30 多万犹太人被迫改变了宗教信仰。这一事件的策划者就是西班牙历史上第一任宗教法庭的庭长汤姆斯・托奎马德，虽然汤姆斯本人出生在改信天主教的家庭里，但是他的行为却非常极端和残酷。格拉纳达的繁华景象，在追杀异教徒的恐怖气氛中消失殆尽，成千上万坚持伊斯兰教信仰的摩尔人逃到北非、希腊和土耳其等地。

然而，伊斯兰精致高超的建筑技艺和华丽细致的审美趣味，却因为阿尔汗布拉宫而永远留在了西班牙。之后，西班牙建造了许多哥特式教堂，也大量吸收了伊斯兰的技艺和风格。在西班牙，即使文艺复兴时期的建筑，也留有伊斯兰建筑的影子。

坏品位真是一场空前大灾难

“虽有征战沙场的胆略，却没有欣赏艺术的品位”，这句话用在西班牙后来的国王查理一世（又称为神圣罗马帝国皇帝查理五世，1500～1558）身上真是再合适不过了，至今他对阿尔汗布拉宫的改建，成了人们怀念他的最好方式。

1504年，斐迪南兼并了意大利半岛的那不勒斯王国以后，成为欧洲大陆上能够与法国平起平坐的强国。为了巩固西班牙在欧洲的地位，稳定国内的统治，从而将各地政权掌控于西班牙王室之下，斐迪南仍然采取联姻的方式，巩固霸业。他煞费心机地将三个女儿分别许配给英国国王亨利八世、奥地利皇太子菲利浦和葡萄牙国王曼努埃尔。

斐迪南驾崩后，王位传给了他的外孙查理，即查理一世。查理一世是斐迪南的女儿和奥地利皇太子菲利浦的儿子，哈布斯堡王朝的继承人。1519年，奥皇马克西米连去世以后，查理又成为神圣罗马帝国皇帝，称为查理五世。就这样，查理五世集西班牙国王和神圣罗马帝国皇帝于一身，权位显赫。他不但顺理成章地继承了西班牙王国、西班牙在美洲和意大利半岛部分地区的殖民地，以及哈布斯堡王朝在中欧的领地——奥地利、斯地里亚、卡林西亚、卡尼奥卡等4个公国和蒂罗尔州，而且查理五世的祖母玛丽又将辽阔的勃艮第领地，包括卢森堡和工商业发达的尼德兰都给了他。这对于上任不久而又缺乏执政经验的查理五世而言，的确是难以驾驭。

查理五世登基时满脸稚气，却已是权位显赫，拥有庞大帝国的皇帝。

但是查理五世并没有因此而停止扩张的步伐，他借助与奥斯曼帝国的战争，成功地将匈牙利王国和波希米亚王国占为己有，从而牢

西、法两国总共发生了 4 次战争，最终是查理五世的西班牙军队获胜。1538 年，两国签署了有利于西班牙的停战协定，确立了西班牙在欧洲的霸主地位。图为查理五世的军队进入巴黎城。

伊格纳修·罗耀拉是教皇权威的忠实拥护者，他得到了查理五世的支持。图中跪立者即为伊格纳修·罗耀拉本人。

牢地巩固了自己的地位，形成了称霸欧洲的态势。

查理五世的举动让另一个欧洲大国——法国感到十分紧张。为了争夺富庶的意大利半岛，西、法两国之间总共发生了4次战争，最终是查理五世的西班牙军队获胜，从而迫使法国放弃了大片意大利领土。1538年，两国签订了有利于西班牙的停战协定，确立了西班牙在欧洲的霸主地位。帝国疆域辽阔，海外殖民贸易发达，更助长了查理五世的狂妄气焰。查理五世依靠强大的武力维护着帝国的荣耀，却剥夺了欧洲人民宗教信仰的自由。

马丁·路德是德国维滕贝格大学的教授，深受人文主义思想的影响。他深知教会的腐败，因此主张建立没有阶级、没有繁琐仪式的“廉洁教会”，强调“因信称义”，否认教皇的权威，认为《圣经》才是唯一的准则。1517年，马丁·路德在教堂大门上张贴《九十五条论纲》，反对兜售赎罪券，揭露罗马教皇的骗局。他认为教皇根本没有赦罪的权力，他只不过是神的仆役，代神宣告神的赦免，而向死人宣告赦免是没有意义的。因此，赎罪券不但没有《圣经》的根据，更与《圣经》的真理相违背。

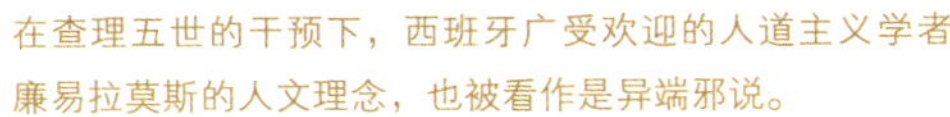
在查理五世的干预下，西班牙广受欢迎的人道主义学者廉易拉莫斯的人文理念，也被看作是异端邪说。

查理三世的肖像。

马丁·路德的行为触怒了教皇，于是教皇便求助于查理五世，希望他消灭异教。查理五世决定大力取缔宗教改革运动。1550 年，查理五世颁布了禁止任何人宣传新教和非法集会以及禁止公开或秘密地讨论《圣经》内容等诏令。违反规定者将以叛国罪、破坏社会治安和国家秩序罪来进行处罚。处罚方式包括杀头、活埋，甚至火刑。同时，被怀疑有罪者，即使没有足够的证据，宗教法庭也有权判罪。在查理五世的干预下，西班牙广受欢迎的人道主义学者廉易拉莫斯的人文理念，也被看作是异端邪说。

查理五世执政时期，开发了美洲地区，征服了墨西哥和秘鲁的印加人。西班牙人不但席卷了大量的钱财，而且在墨西哥、玻利维亚等地开挖金矿，大量的黄金穿越广阔的大西洋，源源不断地运回西班牙。

雄厚的国力使查理五世刚愎自用，不可一世。他甚至觉得阿尔汗布拉宫不够壮观，不足以代表宫廷的气派和威严，于是决定拆掉宫殿的一部分，按照自己的想法建造一座新的宫室。新的宫室采用了意大利文艺复兴时期的风格，虽然算得上优美，

1701 年，安茹公爵（即腓力五世）加冕成为西班牙国王，波旁王朝正式入主西班牙。图为腓力五世全家福。

但难以与整个宫殿相契合，与阿拉伯建筑风格也不协调。可见，查理五世虽然以称霸欧洲和扩展海外殖民贸易而闻名于世，却也以压制宗教信仰、破坏阿尔汗布拉宫原有的建筑格局而遭到世人的批评。

西班牙王国的盛世伴随着神圣罗马帝国的没落和查理五世的去世而悄然谢幕，过去西班牙君王把西班牙命运与神圣罗马帝国绑在一起，以求得稳定和发展的美梦也逐渐破灭。查理二世是哈布斯堡王朝最后一位西班牙国王。

由于查理二世没有子嗣，于是便立下遗嘱，死后将王位传给法国国王路易十四的孙子安茹公爵，以此希望西班牙的领土不受法国的侵略。但对西班牙人而言，这只不过是把杀人的武器从左手换到了右手罢了，阿尔汗布拉宫也在命运的洪流中浮沉。

1701 年，安茹公爵（即腓力五世）加冕成为西班牙国王，波旁王朝正式入主西班牙。而此时的西班牙，由于与荷兰、法国以及英国已经打了 30 多年的战争，政治和军事上的拖累，使帝国处于崩溃的边缘。除此以外，由于西班牙的几任国王治国无方，美洲的黄金多被挥霍一空，没有用于国内的工业建设上。滑稽的是，西班牙的羊毛以低廉的价格卖给其他欧洲国家，而羊毛的制成品却被高价回卖给西班牙人民。

奥地利的哈布斯堡王朝为夺回在西班牙的王位，对法宣战，史称“王位继承战争”。奥、法两国在欧洲大陆厮杀，长达 13 年之久。欧洲列强为了各自的利益，也加入其中。1713 年签订的《乌德勒支和约》承认了腓力五世为西班牙合法的国王，但他对西班牙人民征收重税。另外，西班牙还丧失了大量的海外领地，直布罗陀海峡也被割让给英国。

在查理三世统治的期间，西班牙的经济和文化得到了真正的恢复和发展，生活方式开始法国化。朝廷采用法国的举止、礼节和服饰，法国启蒙时代的宗教仪式也被引进西班牙。查理三世是一位虔诚的天主教徒，他深知教会干预政治将造成诸多

在外来政权的统治下，西班牙的生活方式开始法国化，王室采用法国的礼节和服饰。图为查理三世用餐的场景，颇具法国意味。

拿破仑的侵略行为激起了西班牙人民的义愤，他们不畏强权，自发组织起来，掀起了反抗拿破仑的运动。图为遭到镇压的西班牙起义者。

流弊，于是下令禁止教堂葬礼，驱逐落后的耶稣会会员，并规定宗教法庭庭长的审判必须通过国王的授权。所有的这些措施，不但消除了宗教法庭和残酷刑罚所带来的恐怖阴影，而且促使西班牙人民的生活变得更加开放和自由。但是西班牙人民对于外来的波旁政权仍然抱着保守和怀疑的态度，到了拿破仑时期，西班牙再次因为法国人的权力争夺而变得动荡不安。

拿破仑主政法国后不久，便利用西班牙王室家族中的派别冲突，向西班牙国王查理四世提出了几项协议，其中一项就是查理四世将王位让给拿破仑的兄弟约瑟夫·波拿巴。昏庸、软弱的查理四世无计可施，只好让位给自己的儿子斐迪南七世（Fernando VII，1784～1833）。拿破仑一怒之下，率兵攻入西班牙，俘虏了斐迪南七世。然而，拿破仑的侵略行为激起了西班牙人民的愤怒，农民自发性组织起来，反抗拿破仑。人民用“游击战”让法军感到不胜其扰，这使拿破仑要想统治西班牙变得愈加困难、力不从心。

遭池鱼之殃，法伯爵炸毁塔楼

因人民的革命运动，西班牙议会中的自由派制定了新宪法：废除宗教审判、农奴制；规定王权的权力范围，国王必须尊重议会的决定；确立王权和教会权力的界限。西班牙历史上的君主立宪制因此诞生。但好景不长，1814 年，拿破仑打败了西班牙，流亡海外的斐迪南七世趁机复辟。顽固腐朽的斐迪南拒绝向宪法宣誓效忠，并重建了宗教法庭，禁止言论自由，实行绝对的君主专制。在其晚年，斐迪南废止了只允许男性继承王位的法律，支持他和第三位妻子所生的女儿伊莎贝拉二世继承王位。斐迪南的专制统治导致西班牙保守派和自由派之间长达数年的内战，君主专制和自由政体交替主导着西班牙的政局。

奉行绝对君主专制的斐迪南七世。

毫无疑问，阿尔汗布拉宫也因为西班牙政局的跌宕，而遭受池鱼之殃。1812 年，一位法国伯爵炸毁了阿尔汗布拉宫的若干塔楼，还好其余建筑幸免于难。不久之后，宫殿又遭地震毁坏。斐迪南七世从国库拨出专款，指定建筑师孔特雷拉斯负责修缮被大面积毁坏的阿尔汗布拉宫。经过孔特雷拉斯与其子孙三代的长期努力修缮与维护，阿尔汗布拉宫终于恢复了原有风貌。虽然斐迪南七世的治国政策违背了西班牙历史的传统，但是他对阿尔汗布拉宫“以旧复旧”的整建工程，仍然值得肯定和赞扬。

西班牙的黄金年代

史上真正的日不落帝国，绝非我们熟知的英国。世界上真正第一个意义上的殖民帝国，其实指的是西班牙帝国（1521～1643）。西班牙曾经是世界历史上最大的帝国之一，在1790年，其国土面积约达2000万平方公里，被认为是第一个日不落帝国。

16世纪中叶，西班牙和葡萄牙是欧洲环球探险和殖民扩张的先驱，他们在各大海洋开拓贸易路线，使得贸易繁荣，路线从西班牙横跨大西洋到美洲，再从墨西哥横跨太平洋，经过菲律宾到东亚。西班牙征服者摧毁了阿兹特克、印加帝国和玛雅文明，并对南北美洲的大片领土宣告其拥有权。凭着经验丰富的海军，西班牙帝国称霸海洋，且凭着可怕的、训练有素的大方阵，主宰着欧洲战场。著名的法国历史学家皮埃尔·维拉尔曾经说过，西班牙“演绎出人类历史上最非凡的史诗”。在16～17世纪，西班牙经历了辉煌无比的黄金年代。

16世纪中期开始，西班牙哈布斯堡王朝利用美洲采矿所得的金银（以1990年的物价换算，相等于15000亿美元），获得了更多的军费资源，以支援在欧洲和北非的长期战争。从1580年兼并葡萄牙帝国（于1640年再度失去葡萄牙）开始，西班牙一直维持着庞大的帝国地位，直到19世纪丧失美洲殖民地为止。

这个在黄金时代中便已运转不灵的帝国，其权力重心并非远在内陆的马德里，而是在西班牙南部集艺术、文化与金融中心的塞维利亚。哈布斯堡王朝挥霍着从卡斯提尔和美洲殖民地得来的财富，为其利益而在欧洲屡开战端，数次拖欠借款，最终导致西班牙破产。而西班牙与敌对国家的持续争战，也引起领土、贸易和宗教的巨大冲突，使得西班牙国力在17世纪中叶开始下滑。

在地中海，西班牙与奥斯曼帝国战事频繁；在欧洲大陆，法国逐渐变得强大；在海外，西班牙首先与葡萄牙竞争，后来的对手还包括英国和荷兰，更让西班牙左支右绌、动弹不得。再加上西班牙在殖民地上过度动用军力、政府贪污问题渐趋严重，以及无止境的军费需索，最终导致帝国的衰落。

1713 年的《乌得勒支和约》更使西班牙失去了在意大利和低地国家的剩余殖民领土，结束了庞大帝国的历史。

墨西哥玛雅古城帕伦克神庙遗迹，是一座金字塔、庙宇、墓葬合一的建筑物。在 16 世纪时，西班牙军队抵达南美洲，陆续摧毁了阿兹特克、印加帝国和玛雅文明，并对南北美洲的大片领土宣告其拥有权。

关于阿尔汗布拉宫的历史大事

年代	关于阿尔汗布拉宫	历史大事记	文化与社会
8 世纪	阿拉伯人在现今圣尼古拉斯广场处，修建了一座要塞，标志着摩尔人统治格拉纳达的时代开始了。	唐玄宗执政后开启“开元之治”。 日本处于奈良时代。 阿拔斯王朝取代倭马亚王朝成为中东地区的统治者，阿拉伯帝国在 8 世纪中期版图扩张到顶峰。	被称为“现代化学之父”的波斯炼金术士贾比尔生活于本世纪。 李白、颜真卿、吴道子都生活在 8 世纪。
1238 年	奈斯尔王朝的缔造者——穆罕默德一世，着手进行阿尔汗布拉宫的建造。作为一个重要的文化中心，格拉纳达营造了浓郁的艺术环境。	蒙古窝阔台屡次进攻南宋。	蒙古于燕京建太极书院，传播程朱理学。
14 世纪	尤索夫一世及其子穆罕默德五世，大规模扩建阿尔汗布拉宫。	火药、火炮传入欧洲。 英法爆发百年战争。 帖木儿帝国兴起。 黑死病开始蔓延。	欧洲开始兴起文艺复兴。
1492 年	摩尔人被逐出西班牙后，阿尔汗布拉宫开始荒废。	哥伦布发现美洲大陆。 亚历山大六世成为教皇。	马丁·贝海姆制作了第一个地球仪。 布拉曼帖建造米兰圣玛利亚教堂的合唱席。
16 世纪中叶	查理五世以庸俗的品位扩建阿尔汗布拉宫，破坏了宫殿的完整性与美感。	法国发生第二次宗教战争。 明朝研制出的水底雷，成为世界上最早的水雷，比欧洲制造及使用水雷早了 200 多年。	16 世纪，科学开始萌芽。 16 世纪是文艺复兴鼎盛的时期，也是中国启蒙思想开始的时期，中国市井文化达到巅峰。 1517 年，马丁·路德发表《九十五条论纲》，拉开了宗教改革的序幕。 四川嘉州兴建明朝首个石油井。 哥白尼的《天体运行论》出版。
1812 年	一位法国伯爵炸毁了数座阿尔汗布拉宫的塔楼，不久后，阿尔汗布拉宫又遭遇地震，毁坏了不少建筑。	拿破仑率 60 万大军征俄，攻入莫斯科，因补给不足，大败而归。 美国欲夺取英国的加拿大殖民地，美英战争爆发。	前一年，匈牙利作曲家李斯特诞生。
1828 年	在斐迪南七世的资助下，经建筑师何塞·孔特雷拉斯与其子孙三代长期的修缮与维护，阿尔汗布拉宫才恢复原有风貌。	美国民主党成立。 4 月，俄国对土耳其宣战。	剧作家易卜生诞生。 俄国大文豪列夫·托尔斯泰诞生。 红十字会创始人琼·亨利·杜南诞生。 作曲家舒伯特去世。 西班牙画家戈雅去世。

英国 · 伦敦

西敏寺

PALACE OF WESTMINSTER

见证议会历史与忏悔者之宫

1834 年，西敏寺在一场大火中几乎化为瓦砾，为了皇室尊严，一向节俭的维多利亚女王决心花重金重建，采用古典主义和文艺复兴风格设计，建成了宏伟的议会大厦，这也是英国民主发展历史的见证。

忏悔者建造王宫

在古今中外的众多王宫中，很少能够找到像西敏寺这样，是起因于“忏悔”而建造的王宫。而忏悔的建造者，非但没能给后人带来上帝的宽恕与好运，反而使英格兰遭到外来政权的统治。

由于英国是远离欧洲大陆的岛屿国家，其早期的居民多半是从欧洲大陆移民而来的。但在 6 世纪后半叶，从德国北部迁徙来的盎格鲁－撒克逊人，为此岛国打下了立国的根基，成为现代英国人的祖先。后来西迁入岛的日耳曼民族，经过不断地蚕食与兼并，到了 7 世纪初，便建立了 7 个王国，这段时期被看作是不列颠的战国时代。

9 世纪，七国之一的韦塞克斯王国在埃格伯特的领导下，成为七国中实力最强大的国家。公元 829 年，埃格伯特打败了其他六国后，统一了不列颠，成为“英格兰

西敏寺最初是“忏悔国君”爱德华建造的。

1016 年秋，丹麦王子克努特胁迫“贤人会议”推举他为英格兰的国王。图为理性的克努特向奉承他的大臣们展示，他并不能阻挡住海水的事实。

的建国之王”，然而，动乱的时代并没有远离这座孤零零的小岛，从斯堪的纳维亚半岛（Scandinavian Peninsula）南下的寒风又即将席卷而来。

早在撒克逊人尚未征服这个海岛之前，丹麦人常常漂洋过海而来，焚烧抢掠。但统一以后的英格兰具备了抵抗外国侵略的能力。公元 871 年 1 月，在阿什当一战，英格兰大败丹麦军队，从而维护了英格兰的主权和领土的完整。同年，24 岁的阿尔弗烈德（849～899）继任英格兰国王。

阿尔弗烈德上台以后，英格兰和丹麦的战争时断时续，最终以撒克逊民族的胜利而结束。阿尔弗烈德不但成功保护了英格兰的基督教文化，同时也积极致力于国家的建设与发展。他注重英格兰历史的发展，组织编撰了《盎格鲁撒克逊编年史》，又把摩西十诫、基督教原则和传统的日耳曼道德观结合起来，编撰了《阿尔弗烈德法典》，经过后世国王们的充实和改进后，《阿尔弗烈德法典》成为现代英国宪法的基础。

在这之后，英国的政权统治逐渐加强，政治制度也越趋完善。国家开始以“郡”作为行政单位，郡法官或行政司法长官负责执法。议会也得到建立，负责向国王提供建议，成为今天仍然存在的枢密院的基础。英国逐渐走上漫长的封建之路。

但是，在那个“武力就是一切”的年代，阿尔弗烈德大帝辞世以后，丹麦军队依旧征服了英格兰。公元 1016 年秋天，丹麦王子克努特胁迫“贤人会议”推举他为英格兰的国王，两年后克努特回丹麦继承王位，成为英格兰与丹麦共同的国王，被称为克努特大帝（约 995～1035）。

之后，克努特大帝又征服了瑞典和挪威。1042 年，克努特大帝的继任者哈德克努特英年早逝，丹麦对英国的统治遂告结束。英格兰的王位则重新回到了撒克逊王族的手中，也就是英国历史上最后一位盎格鲁撒克逊血统的国王——“忏悔者爱德华”，而西敏寺就是由爱德华建造的王宫。

爱德华年轻的时候曾流亡诺曼底，隐居在修道院里。在那里，郁闷无聊的爱德华成为虔诚的教徒，“忏悔者爱德华”之名由此而来。1043 年，登基称王的爱德华，把宫廷从温彻斯特迁到泰晤士河畔的西敏斯特地区。随后，虔诚的爱德华开始建造了西敏寺（威斯敏斯特教堂），只是没能等到教堂落成，爱德华国王就离开了人世。有趣的是，爱德华死后不久，法国诺曼底公爵威廉借口爱德华曾答应让他继承王位，于是率领诺曼底的贵族和骑士，征服了英格兰，并在西敏寺加冕称王，称为威廉一世（William I，约 1028～1087）。

西敏寺见证了史上最早的议会制度

诺曼底人威廉一世征服英国以后，采取强力措施，没收土地，将其分发给他的追随者。英国建立起了封建制度，开启了与欧洲大陆的关系，文明和商业得到了发展，英国的建筑文化也受到了欧洲大陆的影响。

公元 1097 年，继位不久的威廉二世下令建造西敏寺大厅。按照威廉二世的旨意，此厅要建成为当时欧洲最大的厅堂。大厅建筑风格古朴苍凉，跨度延伸较大，石头砌成的外墙上没有任何奢华的精雕细刻，橡木梁、青瓦顶壁柱和小尖塔均粗重敦实。大厅之内的装饰极为简单，大型宴会、庆典和会议时常在此举行。

现今英国国会议事堂全景。

1265 年，西蒙·蒙特福德伯爵在西敏寺大厅主持英国历史上第一次议会会议。自从外来诺曼底人的政权征服盎格鲁撒克逊人那天起，王权、贵族权和民权的斗争就没有停止过，在利益交织、错综复杂的斗争中，产生了人类历史上最早的议会制度。

约翰执掌英国大权后，出兵法国，意图夺回失去的领地，却大败而归。为了弥补战争造成的国库亏空，约翰只能加重赋税，最终导致了封建领主的不满。

1199 年，约翰执掌英国大权，由于他的父王把在法国的领地全部给了兄长，招致了他的不满。为了夺回失去的领地，约翰出兵法国，却大败而归。这场战争造成了英国国库的大量亏空，为了弥补损失，约翰只能加重赋税，横征暴敛，由此导致了封建领主的不满。在坎特伯雷大主教的支持下，封建领主开始反对约翰国王，迫使约翰以契约的方式承认封建领主的权利，并签署了英国宪政史上具有里程碑意义的《大宪章》。

宪章中规定：国王要保障贵族和骑士的继承权，不得违例征收高额捐税；不得任意逮捕、监禁、放逐自由人或没收他们的财产；承认伦敦等城市的自治权等。为了保证宪章的落实，由 25 名贵族组成的委员会负责对国王进行监督。《大宪章》签署后的一段时间内，英国贵族与人民的利益皆得到维护。

然而，到了 1257 年，亨利三世重用法籍宠臣，同时，为了收复在法国失去的领土，又开始巧立名目征收各种赋税与捐款，筹集军费。亨利三世违反了《大宪章》的原则和精神，引起贵族们的不满。次年 4 月，以莱斯特伯爵西蒙·蒙特福尔为首的 7 位贵族冲入王宫，逼迫亨利三世实行更广泛的改革。10 月，条例在西敏寺正式颁布实行。

条例规定：必须成立一个由 24 人组成的委员会控制大政，并设立一个由 15 人组成的宫廷会议，以防止国王的权力被宠臣左右；必须设立永久性的议会以取代御用“大谘议会”，以协商决定国家的日常事务、监督国家机关和司法体系，同时扩大议会成员的范围，除了原来的贵族、主教以外，还要增加郡和自治镇的代表。

这幅图描绘了威廉二世在打猎时意外身亡的情景。

1215 年，约翰被迫签署由贵族提出的《大宪章》。

1265 年 1 月，在莱斯特伯爵的主持下，第一届实质意义的议会会议在西敏寺大厅内召开，从此议会制度就在英国人民心中扎下了根，成为英国各阶层利益的保障。西敏寺也因为这个具有决定性意义的贡献，而被载入史册，议会制度成为后来资本主义世界权力制衡和监督的典范。

但是英国的资产阶级和新贵族以及王权的斗争并没有停止，尤其是查理一世继承王位后，想进一步加大君主专制统治，便解散了代表资产阶级利益的议会，从而导致王权和议会的矛盾激化，武力成为最后的解决方案。1642 年 1 月，查理一世离开伦敦，纠集保皇党军队，讨伐议会，挑起内战。在伦敦市民和民兵的协助下，议会军队最终取得了战争的胜利，两度俘虏了傲慢的查理一世。

1649 年 1 月，西敏寺成为伦敦城的焦点，一百多名经由投票产生的成员组成

查理一世被砍头的罪名是“一位暴君、叛徒、凶手和英格兰人民共同的敌人”，所谓“君权神授”的观点只不过是他欺骗人民的把戏。

高等审判庭，审判查理一世。在法庭上，议会对国王查理一世提出指控，罪名是“一位暴君、叛徒、凶手和英格兰人民共同的敌人”。查理一世却诡辩说：“我是受上帝的委托来管理英国人民的，神授权力合理、合法而且不容侵犯。”但是无论查理一世如何狡辩，都无法改变他对英国人民犯下的罪行。27 日，法庭判处查理一世死刑，英国共和政体随后建立。西敏寺成了议会制度的象征和英国人民主宰自己命运的舞台。

节俭女王豪迈出手重建

在英国历史中，很少有像维多利亚女王（Victoria，1819～1901）那样节俭的君主。这既是女王成长的背景和受教育的程度所造就的美德，也是女王对国民负责的一种态度。但是女王对西敏寺的重建，恐怕是她一生中最大的一笔支出了。

维多利亚女王出生于 1819 年 5 月 24 日，父亲是有名的肯特公爵爱德华。为了表示对孩子的俄国教父“亚历山大一世”的尊敬，并纪念她的母亲，爱德华给这个可爱的女孩取名叫亚历山德丽娜·维多利亚(Alexandrina Victoria)。非常不幸的是，在她只有 8 个月大的时候，爱德华公爵便撒手人寰。维多利亚从小就养成了节俭的美德，饮食简单，穿着朴实。她甚至认为，女人频繁地变换服饰是品行不端的表现。当她 12 岁时，作为未来女王的必修课，她开始学习冗长烦琐的宫廷礼仪和行为禁忌。

年轻时代的维多利亚。

1837 年 6 月 28 日，18 岁的维多利亚在西敏寺大教堂举行了加冕仪式，由此开始了至今让英国人津津乐道的“维多利亚时代”。在她当政时期，大英帝国对外扩张的步伐加快了，不仅接连

英国画家泰纳的《议会大厦的火灾》描绘的是 1834 年发生在西敏寺的火灾情形，当时烈焰冲天，火红的大火倒映在泰晤士河上。

1834 年 10 月的一场大火几乎将西敏寺化为瓦砾。

打败世仇法国和西班牙，同时在与俄国和普鲁士的斗争中，取得了外交优势。帝国的版图横跨五大洲，成为真正令人敬畏的“日不落帝国”。英国国力的强盛，也为同一时期的文化繁荣创造了条件。但在 1834 年 10 月，西敏寺在一场由炉火引起的大火中几乎化为瓦砾。执政不久的维多利亚女王为了再现皇室的尊严，决定重建西敏寺。按照女王的想法，新建造的宫殿必须具有两种功能，既能彰显英国的繁华与太平，又能弘扬基督教精神，教化日益商业化的社会。

当时著名的建筑设计师查尔斯·巴里爵士担当重任，主持设计千疮百孔的西敏寺。新的建筑方案，采用了古典主义和意大利文艺复兴混合的手法，兼具浪漫和古典的味道，颇得女王的推崇。但是随着工程的进展，女王多次组织了建筑设计方面的专家、学者和艺术家，进行了反复的论证，最后由哥特式建筑的热衷者奥古斯塔·普根负责修改和完成。

宫殿部分完工以后，在大火中幸存下来的大厅和圣·史蒂芬礼拜堂地下室被切割成了大致对称的长方形。3 排宫廷大楼成为建筑的主体，7 座横楼纵穿其间，内有

从泰晤士河望去，大火后的西敏寺满目疮痍。

西敏寺自 1837 年开始重建，直到 1860 年维多利亚塔封顶为止，宫殿的建设才告一段落。这是 1877 年后的宫殿鸟瞰，远处的建筑为圣保罗大教堂。

11 个庭院和 1100 个房间，在哥特复兴式建筑的包围下，整齐统一，华丽庄重。南北各添了一座方塔，其中西南角的一座以女王的名字命名为维多利亚塔，塔高 102 米，是世界上最高的砖石结构方塔，塔中保存有自 1497 年以来英国议会通过的 150 万件法案，是英国民主发展历史的见证者。西北角的塔比较矮，伦敦标志性的大本钟（伦敦钟塔）就在这座塔上。大本钟建造于 1856 年，是英国最大的钟，重达 13.5 吨，每 15 分钟响一次。虽然两座塔打破了原来古典建筑的模式，而具有哥特复兴式建筑的轮廓，但从泰晤士河望去，仍然能够看到古典主义的痕迹。

更值得关注的是，建筑的中部类似教堂建筑风格的尖塔“宝石塔”也是大火中幸存的建筑，外立面的装饰采纳了女王的丈夫阿尔伯特（1819～1861）的意见，精

以大本钟闻名的钟塔以及维多利亚塔。

1858 年，维多利亚女王莅临西敏寺。

致而又细腻。

王宫中的许多人把阿尔伯特看成是一个吝啬、古怪和讨厌的书呆子，但他却是一个合格的丈夫，在女王的眼里，他的吝啬、苛刻变成了巨细无遗，他的古怪多疑变成了学识渊博、兴趣广泛。阿尔伯特酷爱艺术、绘画和建筑，有“行走的百科全书”之称。因此，西敏寺的建造能够采纳他的意见也就不足为奇了。装饰材料采用红砖、青砖与白色石材，华丽而又张扬。屋檐上的人字山花和墙面上的砖雕，细腻逼真，极富立体感。整栋建筑显得宏伟又铺张，维多利亚全盛时代的气派可见一斑。

这位视节俭为美德的女王身后留下的这栋豪华建筑，不仅没有遭到谴责和非议，反而赢得了后人的赞许。看来，西敏寺的修建确实是物有所值，毕竟它经得起时间和历史的考验。但令人遗憾的是，两位大师普根和巴里却没有见到西敏寺的最后完工，就先后离开了人世。

西敏寺内采用交错圆形天井的屋顶。

西敏寺内部。

普根死于1852年，当时年仅40岁；巴雷活到1860年，那年他65岁。但是后世的人们还是因为西敏寺记住了他们的名字，而维多利亚女王也因为这“奢侈的铺张”被英国人民所怀念。也许只要花得其所，即使价钱再高，也算不上浪费。维多利亚女王在不经意中留下了美名，西敏寺就是其中之一。

因为爱情而伟大
——维多利亚女王与阿尔伯特亲王

很多人以为大英博物馆是世界收藏品最多的博物馆。其实，如果以收藏品的数量来计算，维多利亚与阿尔伯特博物馆才是世界上收藏品最多的博物馆，藏品之丰富超出一般人的想象。

在成功地举办了1851年第一届世界博览会之后，英国皇室为了打造英国文化、艺术、科学在全世界的影响力，将英国塑造成文化强国，于是在南肯辛顿地区兴建了规模庞大的集大学、博物馆、音乐厅和公共空间于一体的建筑群，维多利亚与阿尔伯特博物馆就是其中重要的一项建筑，其中最大的功臣，就是阿尔伯特亲王。

勇敢追求自己的爱情

在维多利亚的三位哥哥相继去世之后，维多利亚在18岁登基成为英国女王。本来她宣称要仿效伊丽莎白一世终身不嫁，但后来她遇到了她的表弟——萨克森—科堡公国的王子阿尔伯特，两人迅速坠入情网。阿尔伯特极具魅力，举止优雅、学识渊博，酷爱艺术、音乐，擅长击剑并热衷于建筑，更被公认为是“行走的百科全书”。女王不仅亲自选择了自己的丈夫，甚至放下身段主动向阿尔伯特求婚。对于早已习惯王室婚姻背后的利益纠葛的英国人来说，这段真诚而浪漫的爱情显得弥足珍贵。

1840年，21岁的维多利亚女王与比她小3个月的表弟结婚了，并且成为欧洲的模范夫妻。维多利亚女王患有遗传性血友病，这种疾病传男不传女。他们两人生了9个孩子，4个男孩中有3个在幼年时期发病，这让维多利亚与阿尔伯特悲痛万分。5个女儿则活泼可爱，健康成长，不少欧洲王子们都来求婚，以和维多利亚女王结亲为荣。这些英国公主，先后嫁给西班牙、俄罗斯和其他欧洲王室，她们生下的男孩也都患有血友病。这件事使整个欧洲的王室家族都惶恐不安。因而在19世纪，血友病被称为“皇室病”。而维多利亚女王则获得了一个“欧洲祖母”的称号——9个孩子和42个孙子孙女，遍布整个欧洲王室。

因王室爱情而改变的文化风尚

维多利亚夫妇都是技艺精湛的艺术家，也都是伟大的收藏家。除此之外，这对夫妇还委托珠宝商为他们制作了许多爱情信物，促进了整个珠宝行业的发展。19世纪上半叶，英国很少有人知道订婚戒指，但当阿尔伯特亲王向维多利亚女王赠送了订婚戒指这种信物之后，便刮起了一股流行至今的风尚。

每到结婚纪念日、生日和圣诞节，他们两人都会相互赠送礼物，这些礼物往往都是艺术品，包括绘画与雕塑，虽然这些艺术品并未受限于某些国家或地区，但无可讳言，其实间接扶植了英国的艺术产业发展。阿尔伯特亲王还将德国的圣诞树传统引入英国人的圣诞节中，更被英国人津津乐道。

除了艺术品之外，维多利亚夫妇还爱上了摄影。女王是第一位以照片记录统治生涯的英国君主。早在1842年，她和阿尔伯特就开始收集照片，并在他们主持的1851年世界博览会上展出这种艺术形式。维多利亚和阿尔伯特经常合影，并推动摄影行业在整个英国蓬勃发展。

维多利亚女王还大力支持表演艺术，她经常看戏剧和听音乐会。维多利亚女王是首位向专业演员授予爵位的英国君主，她向演员亨利·欧文授予骑士爵位，还向女演员艾琳·特里授予女爵士爵位。

阿尔伯特虽身居至尊之位，却因来自德国，而不时成为英国上流社会嘲笑的对象，但1851年世界博览会的成功，建立了他在英国的荣誉地位。早在1840年他初到英国时，便发现英国民众的艺术修养不足，他认为政府应设法提升大众的文化素养，才能激励制造业者生产出高质量、富美感的产品。阿尔伯特亲王亲自主持伦敦世界博览会，从不到两年的筹备期，到选择场地、募集资金，再到应付诸多的反对声浪，劳心劳力。阿尔伯特站在舆论的风口浪尖，凭借过人的眼界与女王的支持，成功地为英国做了最好的宣传。19世纪号称维多利亚时代，阿尔伯特绝对功不可没。

伦敦世界博览会对后世的影响，不仅仅是今日所见的世博会盛况，除了商机之外，还有举足轻重的教育意义。第一届世界博览会的入场人次高达630万，是当时伦敦人口数量的三倍。参观民众在娱乐当中，借由展览体验了工业文明的成果。同样是工业革命象征的铁路，则成为搭载观众的重要工具。今日市区常见的

阿尔伯特亲王利用世博会收入创设了3个博物馆，包括：维多利亚与阿尔伯特博物馆、科学博物馆和自然历史博物馆。这3个博物馆，全都名列年参观人数200万以上的世界十六大博物馆之列。

百货公司，更是博览会展示空间与消费模式的延伸与应用。

维多利亚和阿尔伯特经常合影，并在1851年世界博览会上展出这种艺术形式，推动了摄影行业在整个英国的发展。

之后，阿尔伯特亲王用世博会的收入（高达18.6万英镑，相当于2010年的1619万英镑），筹建集大学、博物馆、音乐厅和公共空间于一体的建筑群。这位聪明睿智的亲王努力维护英国式的君主立宪制，尽量不去干预国会，而全力以赴于大英帝国的软实力建设当中，所以他把所有的精力和时间都投入在文学、艺术、展览会、博物馆、新的科学技术的推广与应用等“非政治”方面的工作。阿尔伯特用这笔钱办了3个博物馆，包括：维多利亚与阿尔伯特博物馆、科学博物馆和自然历史博物馆。这3个博物馆，全都名列年参观人数200万以上的世界十六大博物馆之列。

在1861年第一届世博会10年后，阿尔伯特亲王英年早逝，享年42岁，比维多利亚女王早去世整整40年。自从阿尔伯特亲王去世之后，维多利亚女王深受打击，她总是穿着深色衣服，深居简出，表情凝重而悲伤，她几乎不过问国事，这使得大英帝国的君主立宪制度得以更加完善。正是在她的这个时代，英国的势力扩充到几乎地球的每一个角落。

1876年，在丈夫去世15年后，维多利亚女王又多了一个印度帝国女皇的头衔。当时的“印度帝国”不仅是现在的印度，还包括缅甸、孟加拉、斯里兰卡、巴基斯坦、阿富汗等国。在维多利亚时代的中后期，大英帝国的势力达到了历史的高峰，约占有世界四分之一的领土，被称为“日不落帝国”。

关于西敏寺的历史大事

年代	关于西敏寺	历史大事记	文化与社会
960 年	西敏寺开始建造，原是一座天主教本笃会隐修院。[1]	赵匡胤发动陈桥兵变，称帝，国号宋。	公元 10 世纪，中国应用活疫苗预防天花。
1045 年	按照“忏悔者爱德华”的命令重建西敏寺。[2]	前一年，缅甸蒲甘王朝建立。	江西诗派及书法家黄庭坚诞生。
1065 年	西敏寺落成。	宋英宗即位，宰相韩琦提出对英宗父母封号的异议，史称濮议之争。	北宋宰相贾昌朝去世。
1066 年	哈罗德二世在此加冕，他是第一个在此加冕的国王。 同一年的圣诞节，征服者威廉也在此加冕，从此之后，一般的英国君主（除了爱德华五世和爱德华八世）都在西敏寺加冕。	法国诺曼底公爵威廉一世征服英国 ，开创英国的诺曼王朝。	1069 年，王安石开始变法。
1179 年	西敏寺中创建一所学校，名为西敏学校。	次年，诺曼人在南意大利建立西西里王国。	朱熹修复白鹿洞书院。
1300～1301 年	加冕座内置加冕石，称为“圣爱德华宝座”。 1308 年之后的历次加冕都使用这张座椅。	1299 年，奥斯曼一世创建奥斯曼帝国。	1313 年，王祯写成《农书》。
1534 年	西敏寺修道院被亨利八世国王控制。	英国国王亨利八世与罗马教皇决裂，自组英国国教。 西班牙人罗耀拉创立耶稣会。	1530～1536 年，德国植物学家布伦费尔斯撰写并出版《草本植物志》。
1559 年	在短暂重新启用后，伊丽莎白一世再次关闭了西敏寺。	法国与哈布斯堡王朝的战争结束。 法兰西斯二世继承亨利二世的法国王位。	加尔文建立日内瓦学院。 教皇保罗四世公布第一批“禁书目录”。
1579 年	伊丽莎白一世重开西敏寺，但规定由王室直接管理，并把修道院改为法政牧师团。	次年，西班牙兼并葡萄牙。	次年，蒙田发表《随笔集》。
1875 年	西敏寺正面由英国建筑师乔治·吉尔伯特·斯科特重新整修，他傲慢地毁掉了许多精美的非哥特式作品，引起争议。	同治帝去世，光绪帝继位。 德国社会民主党成立。	法国作曲家拉威尔诞生。 法国作曲家比才的歌剧《卡门》首演。同年，比才去世。 德国小说家托马斯·曼诞生。 奥地利象征主义诗人里尔克诞生。 次年，美国发明家贝尔发明电话。

[1] 一作始建于 616 年，在 960 年由圣邓斯坦扩建。见：《中国大百科全书》（第二版），中国大百科全书出版社，2009 年 3 月第 1 版第 1 次印刷，第 23 册，第 102 页。

[2] 一作“1050 年由英王爱德华（忏悔者）开始兴建，后屡经重建”。见：《辞海》（第六版缩印本），上海辞书出版社，2010 年 4 月第 1 版，2016 年 2 月第 11 次印刷，第 1949 页。

英国·伦敦

汉普顿宫

HAMPTON COURT PALACE

长袍鬼影与主教的居所

汉普顿宫的警卫多次发现，宫内一扇防火门经常被无故打开，而且查不出任何原因，他们仔细察看监视系统的录像，结果吃惊地发现了一个身穿长袍的“鬼影”，清楚看到“他”推开防火门向外走，一只手还抓着门的把手……

哀鸣飘游的“幽灵”们

庄重、厚实的汉普顿宫是英国都铎式王宫的经典之作，有“英国的凡尔赛宫”之称。但是宫内扑朔迷离的“闹鬼”传闻远比宫殿本身更让人关注。汉普顿宫修建于1525年，位于伦敦西郊的泰晤士河河畔，王室中的许多戏剧性的重大事件曾发生在此。相关的传说由来已久，被监视器拍摄下的“幽灵”照片，更让人感觉恐惧迷惑。

汉普顿宫的警卫们多次莫名其妙地发现，宫内展览区的一扇防火门经常被人无端地打开，而且查不出任何的原因，于是他们仔细察看监视系统录像，结果吃惊地发现了一个身穿长袍的“幽灵”。照片清楚拍到“幽灵”的身影，他身穿长袍，一边推开防火门向外走，一只手还抓着门把。由于“幽灵”的大半个身子都站在阴影中，

汉普顿宫有“英国的凡尔赛宫”之称。

因此周围的景物有些模糊不清，更显得有些恐怖。

这张照片被公布以后，立即成为大众谈论的话题。有人推测被拍到的“幽灵”极有可能是英国国王亨利八世。汉普顿宫的工作人员声称，他们也曾数次看到过亨利八世第三任妻子简·塞穆尔的幽灵。由于简·塞穆尔在王宫中因难产而不幸去世，所以人们更相信她就是那个幽灵，出没皇宫，似乎是在为自己抱不平。还有人看到她双手捧着一支蜡烛，在午夜时分穿过王宫中铺满鹅卵石的庭院。也有人认为幽灵是亨利八世的第五任妻子凯瑟琳·霍华德，她被亨利八世怀疑与人通奸而被砍头。据目击者说当时凯瑟琳身穿一袭白衣，悄无声息地在王宫的画廊之间飘荡。

最初警卫詹姆士认为，这些行为有可能是一些导游为了吸引游客的注意而玩弄的小把戏，但是影带中出现的那套服装并不是出自汉普顿宫，而且影像的正面看上去根本不是人脸。另一名有多年办案经验的警卫富兰克林推测说，从影像上看，

汉普顿宫的监视系统拍下的“幽灵”照片。他身穿一件长袍，正在推开防火门向外走，一只手还抓着门把手。

简·塞穆尔王后在王宫中因难产而去世，所以后人更加相信她就是那个不幸哀鸣的“幽灵”。

亨利八世的第五任妻子凯瑟琳也被怀疑是出现的“幽灵”之一，她因被亨利八世怀疑与他人通奸而遭砍头。

好像有个身披斗篷的人在一直朝前走，打开一道门后，接着又打开了另一道门，而且动作极快，常人很难察觉得到。从力学与生理学的角度思考，只有男性才会有这么大的力气，但如果是幽灵的话，就很难判断是男还是女，众人试图用常理来判断，却怎样也解释不通。

面对愈演愈烈的传闻，汉普顿宫管理阶层决定用科学的方法，将幽灵事件查个水落石出。2000 年，由赫特福德郡大学心理专家理查德·怀斯曼博士领导的一个科学研究小组进驻汉普顿宫，他们在宫内安装了热感摄影机、气流运动探测器等设备，试图对在宫内出没的幽灵进行监控。他们认为，汉普顿宫内寒冷的气流、昏暗而又变化不定的光线、与世隔绝的幽静和恐怖气氛，以及磁场作用等都能造成一种令人不安的感觉，很有可能让人产生错觉，误认为有“鬼魂”存在。探测仪器的发现似乎为怀斯曼的解释提供了证据。一天清晨，小组人员从热感摄影机荧幕上突然看到一个影子在画廊里走动，一直走到了一个柜子前，从柜子里面拿出了一个吸尘器。这让专家们感到异常高兴，但让他们失望的是，所谓的幽灵其实是宫内的服务人员。

怀斯曼博士说，人们相信幽灵的存在，是心理作用的结果。

专家小组为此还组织调查了400多名游客，首先让他们分别进入宫内，在空旷幽远的宫内静静地感觉，然后给出答案。结果，一半以上的受访者回答说他们会突然感到毛骨悚然，似乎有“幽灵”存在，当中很多人似乎还看到了伊丽莎白时代的“幽灵”。

随着调查的深入，怀斯曼领导的研究小组认为，游客在画廊内突然感到毛骨悚然，很可能是画廊内无数个老门在作怪。由于这些老门不能阻挡气流的涌入，各种混合气流进入画廊以后，就会导致室内气温骤然下降。这在专家小组探测设备中已经得到了验证，结果显示，在画廊内的一些地方，气温急剧下降了2摄氏度。因此，游客在游览时很可能会突然走进一团冷空气中，下意识地全身发抖，加上心理作用，就会本能地想到宫殿的历史和传说，从而产生恐惧感，误以为看见幽灵。因此，不难理解造成这种现象的真正原因，是有自然规律可循的。其实人们并没有遇见“幽灵”，只是把感觉到的东西解释成“幽灵”而已。

此外，另一种与幽灵相关的自然现象是称作“次声”的低频声波。这是一种难以察觉的声波，但一般人都会受其影响，从而产生恐怖不安的情绪。而且这种怪异的声波还会使火苗摇曳不定、似燃非燃。考文垂大学的科学家发现，在那些“闹鬼”的地方常常会有大量的次声。同时，一些超自然心理学家，也从另外的角度解释人们在汉普顿宫遇见“幽灵”的原因。他们认为人类对环境信号，特别是微光等视觉信号的反应，会造成人类视觉上的错觉。此外，实验室研究发现，电磁波刺激人脑部分区域时，的确会产生身体和精神反应，甚至包括产生进入天堂之类的超自然精神现象。当然，

简·塞穆尔王后曾经用过的项链。

汉普顿宫绘图中，仿佛也隐藏着不为人知的秘密。

科学家们也承认，这类研究的方法和形式目前仍有局限，有很多变量，有待进一步的厘清。无论如何，只能依靠科学的发展进步，才能做出更合理的解释。

主教献上自己的宫殿

汉普顿宫最初是主教和大法官沃尔西的私人宅邸，后来被送给了亨利七世。虽然这件礼物寄托着主教美好的心愿，但却没能挽救他自身的颓势。

沃尔西于 1473 年出生在一个富有的商人家庭，良好的家庭背景使沃尔西顺利地

主教沃尔西。

亨利七世是英国都铎王朝的第一位国王，由于治国有方，被后人尊称为贤王。与他的儿子，即后来的亨利八世相较，他的婚姻比较单纯，只有一位妻子伊丽莎白。

完成了大学学业。他担任加来郡行政长官理查的私人牧师期间，由于表现出色，即被引荐给当时的英国国王亨利七世。理查死后，沃尔西成为亨利七世的私人牧师，并被委以重任，负责行政和外交事务。

亨利七世是英国都铎王朝的第一位国王，他采取的联姻政策，成功地促成了英国两大家族——约克家族和兰开斯特家族的合并，结束了英国历史上著名的“玫瑰战争”。在与邻国的关系方面，他同样采取联姻政策。他的长子亚瑟娶西班牙公主凯瑟琳为妻，但不幸的是，婚后第二年亚瑟便死了。亨利七世为了维持与西班牙的关系，临终时又为凯瑟琳与亨利八世订下婚约。年轻的亨利八世遵从父亲的遗愿，娶凯瑟琳为妻。这样，良好的国内和国际关系，为亨利七世实施积极的经济改革提供了保障，他也因此获得了“贤王”的称号。1509 年，亨利七世离开了人世。亨利八世继位后，沃尔西同样得到了年轻国王的垂青，被赋予了更大的权力，辅佐国王执政。然而，在衡量利益得失之下，这种看似亲密的君臣关系，却逐渐演变成了难以逾越的鸿沟。

1511 年，沃尔西成功地说服亨利八世联合教皇尤利乌斯二世、西班牙国王斐迪南二世（亨利八世的岳父）和神圣罗马帝国皇帝马克西米连一世等，联合对付法国。次年，亨利派军和法国作战失败之后，依旧信心十足的沃尔西再次劝说国王发动第二次进攻。亨利八世采纳了他的意见，亲自带兵出征，攻入法国。但是亨利的举动反而引起了马克西米连一世和斐迪南二世的猜疑，他们担心亨利会废掉路易十二，加冕自己成为法国国王，这将会在君主制的国家造成连锁反应，也会打乱欧洲的统治秩序。但是沃尔西却坚定地鼓励英王攻打布伦港，以巩固加来地区。当时英格兰的后方却受到了苏格兰的威胁，亨利八世只好率军加速回国。在回国途中，英格兰军队在萨瑞伯爵的率领下，在弗洛登战役中，大败苏格兰，苏格兰国王詹姆斯四世和一万多名苏格兰士兵被血腥屠杀。

在弗洛登战役中，苏格兰国王詹姆斯四世和一万多名苏格兰士兵被血腥屠杀。图为詹姆斯四世和都铎公主玛格利特。

沃尔西凭借自己对亨利八世的忠诚和良好表现，逐渐赢得新国王的信任，成为他最为忠实的幕僚之一。沃尔西被任命为约克郡的教长，作为奖赏，随后又被任命为林肯郡主教和约克郡大主教，同时获得大量赏赐，攀向个人事业的巅峰。与沃尔西相比，皇后凯瑟琳却失宠了。虽然，凯瑟琳曾为亨利八世生过两个儿子，但都不幸夭折，亨利八世一心想要一个男嗣以继承王位的愿望成为泡影。随着时局的变化，沃尔西建议亨利和法国结盟，并鼓动两国签署和平协定。在协议中，路易十二同意增加战争赔款，作为友好的象征，亨利还把他的妹妹嫁到了法国，不幸的是，路易十二婚后 3 个月就离开了人世。这次联姻使凯瑟琳感到恼怒，因为沃尔西日益增长的影响力，会削弱她和西班牙在国王心中的分量。

不过，因为一件怪异的法律纠纷，沃尔西和亨利八世的关系开始出现裂痕。1514 年，伦敦商人理查·休姆年幼的儿子意外夭折。当他去牧师那儿为儿子举行埋葬仪式的时候，牧师却要求他支付停尸费用。这个要求遭到了休姆的断然拒绝，并将牧师告上教会法庭，但让人意想不到的是，休姆却被当作异教徒而遭到逮捕。而且更加离奇的是，在这之后，休姆被绞死在牢房里。经过验尸官的检验，确认休姆是被人谋杀而死。此后，对于应该由国王法庭还是教会法庭审判此案，众说纷纭。沃尔西请求亨利八世将此事送交罗马法庭裁决，却遭到亨利八世的拒绝。

西班牙国王查理五世上台以后，维持欧洲大陆和平的天平开始倾斜。1520 年 7 月 14 日，亨利八世与查理五世单独签署协定，约定在未来两年内双方都不会和

由于亨利八世的骄横薄情以及英格兰与西班牙的日渐疏远，可怜无助的凯瑟琳感到世态炎凉，她的病情日益加重。

沃尔西被亨利八世解除一切职务，之后沃尔西为了求得国王的宽恕，就将自己心爱的汉普顿宫送给了亨利八世。图为沃尔西辞职的场面。

法国联盟。作为英、西交好的象征，此时沃尔西破坏了英国公主和法国皇太子的婚约，为英、西联姻铺路。次年春天，查理五世欲迎娶玛丽，并专程前往英格兰出席婚约仪式，同时商讨英、西两国相互配合对法开战的计划。

5 年后，查理五世在意大利半岛战役中，俘虏了法国国王法兰西斯一世。亨利八世想利用法兰西斯一世的垮台，再次进攻法国。沃尔西软硬兼施地向贵族“募款”，以筹集战争经费，没想到却引起了贵族们的反对。最后，亨利八世不得不亲自出面为沃尔西辩解，这次事件进一步加深了沃尔西与亨利八世之间的隔阂。

正襟危坐的教皇克莱门特此时已成了西班牙国王查理五世的“俘虏”，查理五世要求他保护凯瑟琳王后的权利，他只能言听计从。

但是导致沃尔西被彻底地踢出政治舞台的却是亨利八世的移情别恋，因为他喜欢上了年轻貌美、极富魅力的安妮·博林。亨利八世希望沃尔西能够帮助他名正言顺地与凯瑟琳离婚，但沃尔西却犹豫不决，并恳求国王取消这个决定。然而，强硬的亨利辩称，他早就开始怀疑这场婚姻的合法性。于是，作为教皇使节的沃尔西不得不数次秘密召集教会，举行会议，商讨对策。协商无果后，沃尔西只好宣布他们没有资格决定这样一件困难的事情，并建议亨利八世派他去法国说服法兰西斯，从而使他可以自行判决此案。结果，他的法国之行简直失败透顶，不但没有成功说服法兰西斯，反而让亨利八世怀疑他的忠诚。

此时的教皇克莱门特已经成了凯瑟琳的外甥查理五世的俘虏。查理五世告诉教皇，他已经决定保护皇后的权利，而且禁止教皇废除这桩婚事的安排，同时也不允许此事件在英国审判。因此，当沃尔西和亨利八世分别派使节拜会教皇时，理所当然地吃到了闭门羹，教皇更拒绝授权给天真的沃尔西主教单独处理此事。愤怒的亨利八世因此认为，沃尔西并不是诚心诚意地为他着想，也缺乏解决问题的能力，更无法帮助他解除婚约。

1528 年 4 月，情况似乎出现了转机。教皇同意派遣一名主教卡姆佩戈和沃尔西一起解决此事，但是拒绝授权给任何人独自判决此案。骄傲自大的亨利八世感到自己受到了欺骗和侮辱，于是在他眼里不中用的沃尔西被解除一切职务。失宠后的沃尔西为了得到国王的宽恕，就将自己精心打造的火红色宅邸“汉普顿宫”送给了亨利八世。亨利八世不但立刻喜欢上了这座标新立异的建筑，而且对它进行了大规模的扩建，使其兼具都铎式和凡尔赛宫的建筑特点，华丽而又庄严。随后亨利把这所可爱的建筑送给了安妮·博林，成为两人享受甜蜜爱情生活的居所，可怜的沃尔西自此以后只能在汉普顿宫外“享受着”落魄的人生。

不婚女王爱权力更胜男人

伊丽莎白一世（Elizabeth I，1533～1603）是迄今为止仍然令英国人感到自豪和骄傲的著名女王，她开创的伊丽莎白时代，使英国成了“日不落帝国”。但是与之形成鲜明对比的是，伊丽莎白一世却终身未婚。一向开明的女王为什么选择独身呢？是权力需要，还是生理使然？对此，史学家们进行了大胆推理。他们分析，伊丽莎白之所以终身不嫁，既有深刻的政治背景，也是其个性使然。无论推理是否符合逻辑，我们都难以知晓历史的真相。但是近年来，一个逐渐被英国人接受的事实是：女王独身是政治上的需要，而女王拥有情人则是常人的生理需求，不必大惊小怪。不过，让人怀疑的是，女王的情人到底是谁？确切的答案无人知晓，但我们可以从汉普顿宫中寻找到蛛丝马迹。

人们一般认为女王与大法官克里斯托弗·哈顿爵士的风流韵事可能属实。但是心理学家们却并不这样看。他们从现代科学的角度分析认为，女王与两位警卫队队长的风流传说可能更能够让人理解。因为历朝，女性君王和警卫或保镖之间很容易发生恋情，这是由于女性天生需要被保护、关爱，和出于对男性原始欲望所致，而警卫队长的身份和职业特点恰恰满足了女王的需要，所以也就不足为奇。

埃塞克斯伯爵是女王一名老臣的养子，身材高大、体格健壮，而且拥有恭敬、谦卑的神情。这对于深居宫中、位尊权高，习惯于和权势打交道的女王而言，的确具有新鲜和迷人的先天优势。埃塞克斯伯爵 23 岁的时候开始担任女王的警卫队长。当时的伊丽莎白已经步入了“五十而知天命”的年龄，汉普顿宫成了两人的爱巢。后来宫中的一位侍从说，经常看到两人在汉普顿宫中的花园里散步。女王和伯爵手牵着手，低着头，旁若无人地徜徉在花园里，无君臣之分，完全像是一对恋人。不过女王与埃塞克斯伯爵这种出于本能而建立的情人关系，是经不起时间考验的。女王毕竟是一位君王，而埃塞克斯伯爵虽然具有迷人的外表，却缺乏人格的魅力。两人之间的争吵，也随着双方关系的加深而逐渐多了起来。起初埃塞克斯伯爵由于嫉妒女王宠爱的另一个警卫队长沃尔特·洛利，而觉得自尊心受到了伤害。但女王觉得年轻的伯爵只是发发牢骚而已，并没有太在意。可是，随着伯爵怨言的增多，伊丽莎白的怒气终于爆发，一气之下将伯爵丢入了荷兰的战场中。

此外，加深彼此嫌隙的事件不胜枚举。在 1599 年，埃塞克斯伯爵担任女王驻爱

伊丽莎白一世由于终生未嫁，因此有“童贞女王”的称号。

埃塞克斯伯爵身材高大，体格健壮，而且拥有恭敬、谦卑的神情。

图中所绘的是皇室舞会情景，埃塞克斯伯爵将舞兴正浓的女王举在半空，然后浪漫而温柔地轻轻放下。

尔兰的代表时，被叛军打败，未经女王允许就擅自回国。女王更气的是，埃塞克斯伯爵甚至不顾君臣的礼节，不按规矩就闯入女王的卧室，女王的自尊心受到极大的伤害。他以为身为女王密友就可以不顾君臣分寸，不过最后却被女王撤去了一切职务，不但政治前途无望，也濒临破产。在走投无路之下，埃塞克斯伯爵竟然策动伦敦民众叛乱，但由于阴谋败露，最终被关进伦敦塔处死。看来，女王是“认权不认人”，所谓的恋爱，在权势底下，只不过是君王的消遣游戏罢了。

与埃塞克斯伯爵的迷人外表相比，洛利爵士显得成熟、稳重。

相对而言，女王的另一个情人警卫队长洛利爵士就知进退多了。洛利早年曾在军队服役，牛津大学肄业以后开始航海探险。他也是一位才华横溢的诗人，其政治论文和哲学著作在当时得到了极高的评价与肯定。1581 年，伊丽莎白在王宫中接见洛利时，被他幽默的语言、过人的智慧和风流倜傥的外表所吸引。他得到了女王的赏识，也得到了大量土地与爵士地位。曾有传闻说，在一个淫雨霏霏的日子里，女王在回汉普顿宫的路上，发现前面有一摊泥水，就在她犹豫不前的时候，洛利急忙脱下身上穿的那件华丽的斗篷，铺在泥地上，扶着女王走过去，可见当时两人的关系非比寻常。

洛利爵士也是一个狂热的殖民地扩张者，曾把烟草和马铃薯传入欧洲，对欧洲经济的发展有所贡献。1588 年，具有绅士风度的洛利爵士，不愿卷入女王和埃塞克斯伯爵感情的纠葛当中，于是就去了爱尔兰。但是在爱尔兰，洛利爵士仍然得不到他所期望的快乐，不得已又于 1592 年回到了英格兰，照旧获得可观的土地。然而，洛利瞒着女王，与一位宫女秘密结婚的事情使伊丽莎白十分恼怒，女王便以玷污宫女的贞操和荣誉之名，将洛利关进了伦敦塔。但是由于朝中无人可用，伊丽莎白随后又不得不将洛利放了出来，去平息叛乱，洛利因此得到了赦免。在汉普顿宫中也留下了女王和洛利爵士的足迹，洛利从美洲带回英国的奇花异草至今还种在汉普顿宫中的花园里。洛利爵士也曾在此为女王吟诗，汉普顿宫中的花园是两人浪漫的情人生活的美好回忆。

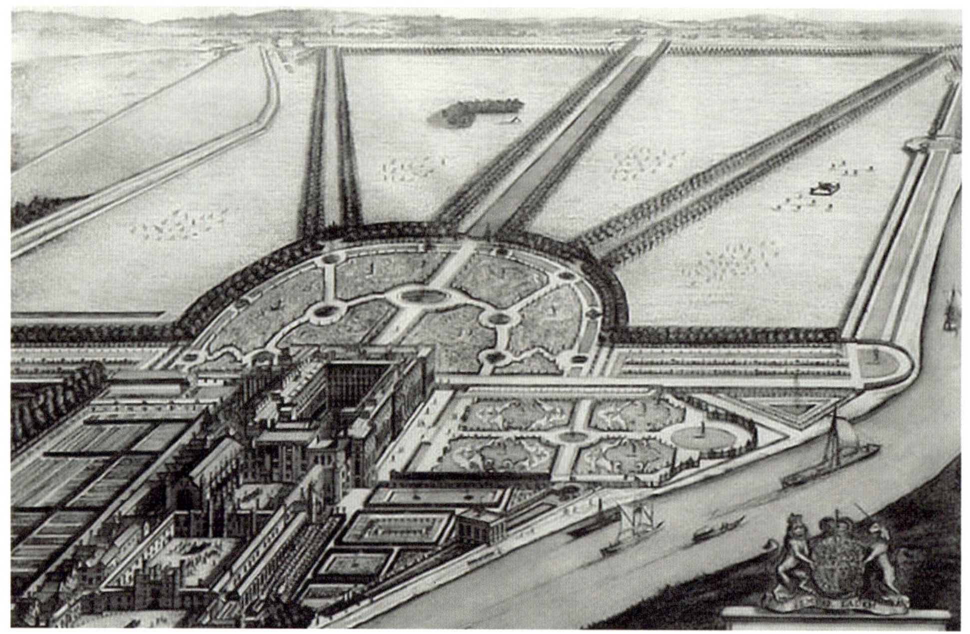

17 世纪，罗恩为汉普顿宫设计了豪华的套房，供威廉三世和玛丽居住。此图是 1708 年的汉普顿宫。

虽然女王与众多情人之间的关系缺乏史实根据，但是不难明白，位居权力之巅的女王的恋情基于本能的需要，多为逢场作戏。这和男性君王没有任何区别，只不过是主角的性别不同而已。17 世纪时，罗恩为汉普顿宫设计了豪华的套房，供威廉三世和玛丽居住，同时还建造了有趣的迷宫。如今，汉普顿宫中的 1000 多间房间里，装满了 450 年来收集的精美的绘画、名贵的挂毯和家具。

伊丽莎白时代的那些剧和诗

英国著名的文学家威廉·亨利·赫得森曾经说过，如果问他史上三大艺术鼎盛时期是哪三个，他毫无疑问地会说是：佩里克里斯时期的“雅典”、伊丽莎白女王时代的“英国”，以及18世纪下半叶和19世纪前25年的“维也纳”。

大文豪莎士比亚曾经说过这样一句经典的话：“女性啊，你的名字叫弱者。”但在英国历史上，有两个以统治者名字命名的时代，一个是“伊丽莎白时代”，另一个是“维多利亚时代”。在这两个时代，英国的政治、经济、文化等各方面，都达到了一个繁荣的盛世，而这两位统治者都是女性。

伊丽莎白一世是英国都铎王朝的最后一位君主，也是带动了整个英国综合实力达到巅峰的君王。在那个时代，经济富足、国力强盛，女王自身也受过良好的音乐、语言和诗歌的人文教育，因此具有良好的文化底蕴。在她的影响下，整个伊丽莎白时代的文化发展达到了高峰，尤其是戏剧与诗歌。

莎士比亚是伊丽莎白时代绝对的巨星。由于当时是英国历史上最复杂的社会转型期，因此，莎士比亚的文学和戏剧成了反映时代的镜子。女王酷爱莎士比亚的戏剧，再加上女王曾经用自己的名字发表了一些诗歌作品，所以坊间有传闻说，莎士比亚的一些内容中涉及大量历史、神话和商业的戏剧作品，其实是由女王代笔、莎士比亚署名的，当然这种说法并没有确凿证据。

除了戏剧，诗歌在西方有着非常深厚的历史。在伊丽莎白时代，文艺复兴思想广泛地被传播，16世纪初传入英国的十四行诗，成了当时最流行的诗歌类型。当时艺术成就最高、人文思想最浓厚、流传也最为广泛的是：锡德尼的《爱星者与星》、斯宾塞的《小爱神》和莎士比亚的《十四行诗集》，它们被称为英国文艺复兴时期文坛上最流行的“三大十四行组诗”。

莎士比亚是英国文学史上最杰出的戏剧家，也是全世界最卓越的文学家之一。他流传下来的作品包括38部戏剧、154首十四行诗、2首长叙事诗和其他诗歌。本·琼生称他为“时代的灵魂”。

莎士比亚在斯特拉特福长大，18岁时与安妮·海瑟薇结婚，两人共育有3个

莎士比亚在世时被尊为诗人和剧作家，但直到 19 世纪，他的声望才达到今日的高度。

孩子。16 世纪末到 17 世纪初的 20 多年期间，莎士比亚在伦敦开展了成功的职业生涯，他不仅是演员、剧作家，还是国王剧团的合伙人之一。1613 年左右，莎士比亚退休回到雅芳河畔斯特拉特福，3 年后逝世。有关莎士比亚私人生活的记录流传下来的很少，关于他的性取向、宗教信仰以及他的著作是否出自他人之手都依旧是个谜。

1590 年到 1613 年是莎士比亚创作的黄金时代。他的早期剧本主要是喜剧和历史剧，在 16 世纪末期达到了深度和艺术性的高峰。到了 1608 年，他主要创作悲剧。莎士比亚崇尚高尚情操，常常描写牺牲与复仇的故事，比如《奥赛罗》《哈姆雷特》《李尔王》和《麦克白》。在他人生的最后阶段，他开始创作悲喜剧，又称为传奇剧，并与其他剧作家合作。在他有生之年，他的很多作品就以多种版本出版，1623 年，他的剧团同事出版了《第一对开本》，除两部作品之外，目前已经被认可的莎士比亚作品均被收录其中。

莎士比亚在世时被尊为诗人和剧作家，但直到 19 世纪，他的声望才达到今日的高度。浪漫主义时期，世人赞颂莎士比亚的才华。维多利亚时代，莎士比亚被当成英雄一样。20 世纪，他的作品常常被新学术运动改编并重新发现其价值。

他最著名的四大悲剧是《李尔王》《麦克白》《哈姆雷特》与《奥赛罗》；喜剧则以《第十二夜》《仲夏夜之梦》和《威尼斯商人》较有名；爱情悲剧《罗密欧与朱丽叶》则家喻户晓；历史剧则以《亨利四世》为代表。

他的长诗《维纳斯和阿多尼斯》（1592～1593）和《鲁克丽丝失贞记》（1593～1594）均取材于罗马诗人维奥维德吉尔的著作，主题是描写爱情不可抗拒以及谴责违背“荣誉”观念的兽行。另外，他的十四行诗（1592～1598）多采用连续性的组诗形式，主题是歌颂友谊和爱情。

直到现在，莎士比亚的戏剧与十四行诗，依旧是英国文化史上熠熠生辉的代表作品。

关于汉普顿宫的历史大事

年代	关于汉普顿宫	历史大事记	文化与社会
1515 年	沃尔西在 7 年中投入巨资，终于把这座 14 世纪的庄园改建成英格兰汉普顿最奢华的宫殿。	2 年后，马丁·路德于符腾堡教堂门口贴上《九十五条论纲》，开启了宗教改革。	拉斐尔创作一系列“使徒事迹”的礼拜堂挂毯图案。 法国诗人马罗开始发表诗作。
1528 年	沃尔西将汉普顿宫送给国王亨利八世。	法国与西班牙交战，次年签订《康布雷条约》。	德国人文主义者、画家丢勒逝世。 意大利画家委罗内塞诞生。
1529 年	亨利八世进驻此宫并开始扩建。亨利八世为了容纳 1000 多名贵族和仆人在同一个地方吃饭，修建了一个大厅——白厅。大厅的华丽程度甚至超过了西敏寺大厅。	土耳其围攻维也纳。	法国古典主义学者比代发表《希腊语言评注》。 克尔阿那赫创作《原罪的寓言》。
1583 年	汉普顿宫成为伊丽莎白女王与埃塞克斯伯爵的爱巢。	前一年，教皇格列高利十三世改革历法。	丁托列托为圣洛可学会“下厅”绘制八幅组画。
1689 年	荷兰王子威廉即位。他按照建筑师克里斯托弗莱恩的想法，以巴洛克式的建筑风格改建汉普顿宫。	英国议会颁布《权利法案》。 俄沙皇彼得一世亲政。 清朝与俄罗斯签订《尼布楚条约》。	“金陵八家”之一的龚贤逝世。
1838 年	维多利亚女王下令将汉普顿宫向公众开放。	英国处在宪章运动时期。 英国曼彻斯特的厂主科布顿和布莱特发起创立了“反谷物法同盟”。	法国作曲家比才诞生。 德国作曲家舒曼在维也纳发现舒伯特的《第九交响曲》手稿。

德国·波茨坦

无忧宫

SANSSOUCI PALACE

腓特烈大帝的葡萄园快乐宫

腓特烈一世希望他的皇宫里能阳光遍地、四季如春，充满缤纷色彩和水果的芬芳香气。基于对美好生活的渴望，他在宫殿平台上建造数座温室，用来种植葡萄和无花果。后来连广场也装上了玻璃，无忧宫因此被称为“葡萄园中的快乐宫”。

叛逆储君的启蒙时期

17 世纪，欧洲因宗教改革而导致的战争，加深了德意志境内的分裂割据局面，形成了德意志的邦联制度。当时的德意志地区有大约 360 个独立邦国、4 万个贵族领地和 4 万个教会领地。由于领土狭小，因此邦国林立成为德意志经济发展的障碍和内部战争的导火线。

1701 年 1 月 18，士瓦本公爵腓特烈一世（1657～1713）加冕成为普鲁士国王，但这个“国王”只是徒有虚名而已。他所管辖的领土面积不过 10 万平方公里，人口大约 150 万左右。当时的欧洲列强，建国历史不仅早普鲁士 100 多年，而且经济实力、领土面积、人口总量等都远胜于它。

为了结束德意志的分裂局面，图谋欧洲霸业的腓特烈一世，以“军队”作为核心战略，快速扩充军事设施，把波茨坦变成了王家军队的驻扎地。国家收入的七成用于军队建设，国家政治、经济、文化等一切的发展，都以能否增强军事力量为标准。普鲁士军队的人数从 3.8 万人猛增到 8.3 万人，逐渐成为一个军事强国。难怪有人曾经这样描述普鲁士的军国主义：“对其他国家来说，是国家拥有一个军队；对普鲁士而言，则是军队拥有一个国家。”

1701 年 1 月 18 日，腓特烈一世加冕成为普鲁士国王，虽然“国王”只是徒有虚名而已，但他扩张领土的野心已经显现出来。

在王国的发展过程中，有一股被称为“容克”的不可忽视的力量诞生了。“容克”的本意是指没有骑士称号的贵族子弟，后来泛指普鲁士的贵族和大地主。“乡村容克”，即普鲁士贵族庄园主，他们是征服易北河以

“容克”精神真正主导普鲁士这个国家，是在腓特烈一世当政以后。图为霍亨索伦城堡。霍亨索伦王室在德国历史上存在了 500 多年，直到 1918 年才被废止。

1740 年，腓特烈二世开始执政，当时他还不满 30 岁。

建筑师克诺伯斯多夫是无忧宫设计方案的执行者。

东地区并在那里生活下来的德意志骑士领主的后裔，具有粗犷、暴戾、顽固、极端的性格特征，主张君主专制，崇尚武力。如今作为普鲁士王国统治阶级的容克贵族，垄断了普鲁士行政和军队中的一切职位，操纵着国家机器。由于普鲁士施行长子继承制度，容克次子大都选择服役，从小进军队接受军事教育。官兵关系完全是领主与农奴的关系，必须绝对服从。腓特烈一世曾声称："我为国王，理应为所欲为。"这种思想上的绝对统一，成为普鲁士加强君主专制主义统治的基础。

到了 1740 年，腓特烈·威廉一世[1]的儿子腓特烈二世（1712～1786），还不满 30 岁就执政。一方面，腓特烈二世从小就在严酷的家庭环境之中成长，父亲是一个专横、暴戾的人，使他从小就产生了叛逆心理，反对父亲为他所安排的一切。另一方面，家庭的优渥条件也培养出他良好的人格特质，他不同于其他国王仅崇尚军事武

[1] 腓特烈·威廉一世（1713 ~ 1740），即普鲁士第二代国王。

腓特烈二世从小就成长在一种严酷的家庭环境之中，父亲虽然是一个专横、暴戾的人，但也是一个合格的国君。图为恼怒的腓特烈一世欲拔剑，冲向年轻的腓特烈二世。

力，他的兴趣广泛，酷爱读书，喜欢文学、艺术和哲学。有时候，他的父亲会因此责骂甚至鞭打他，但他却丝毫都没有改变他的爱好。

由于他蔑视家族传统，渴望发展自我独特个性，因此在 1730 年 8 月，他抗拒父亲为他安排的婚事，趁着到德国南部旅行之际，在朋友的伴同下俟机逃婚。结果他被父亲派人抓了回来，关进了屈斯特林监狱，并送交军事法庭审判。按照规定，他与朋友都应该被判处极刑，但他的父亲故意安排他观看朋友被行刑的过程，目睹朋友人头落地的惨状。腓特烈二世受到沉重的打击，他开始意识到自己的行为是一种不负责任的做法，不但害了朋友，也使父亲难堪。监狱中的生活使他变得成熟理智，他向父亲递交了悔过书。出狱后，他主动加入战场以磨炼自己的个性。

这些历练塑造了他日后成熟的个性。道义与强权、理想与现实、情感与理智，自然而协调地融入到他的思想中。腓特烈二世有着比其他君王更加复杂的个性。后人曾评价：他表面上谦和、热情，但骨子里冷漠、严峻；他既能以文会友、谈古论今、吟诗撰文，却又推崇暴力，热衷强权、蔑视公理和人道，为追求君主的利益而不择手段。

腓特烈二世明白，普鲁士所面临的首要障碍，就是无论是从地缘上还是实力上，都对他构成威胁的奥地利。巧合的是在腓特烈二世继位的同一年，奥地利神圣罗马帝国皇帝查理六世去世了，传位给他的长女玛丽亚·特利莎。腓特烈二世联合法国、巴伐利亚、萨克森、西班牙等国，借故拒绝女王的继承权而挑起了战争，他率兵突袭并占领了奥地利的西里西亚部分地区，这也是不满30岁的腓特烈二世对外扩张的第一步。1744年，腓特烈二世利用欧洲列强之间的混战，再次入侵奥地利并占领整个西里西亚，普鲁士逐渐成为欧洲强国之一。

除了军事上的扩张以外，腓特烈二世顺应了欧洲“启蒙时代”的文化潮流，尊重知识、求贤若渴的态度和策略，对外增强国家声望，对内则增加凝聚力，从而振兴了国家的经济。他不但征召受到迫害的法国胡格诺教徒，而且还充分接纳他们的意见，推动了普鲁士科学、技术和文化的发展。此外，腓特烈二世重视知识力量，他不仅经常邀请哲学家、艺术家和科学家讨论治国方略和艺术创作，而且自己在建筑、音乐、哲学和艺术等方面也颇有造诣。1745年建造的无忧宫，就是建筑师克诺伯斯多夫完全按照腓特烈二世的想法所设计的。

1747年，无忧宫落成，人们发现它是一座融合普鲁士式建筑的工整风格与法国洛可可式建筑的典雅特征于一身的宫殿，整体建筑线条多变、光线分明。宫殿内部装饰精巧、实用。后代的建筑师曾经评论说，无忧宫是欧洲启蒙时代的重要产物，也是普鲁士国王回归理性的代表作。

充满艺术乐音的葡萄园

无忧宫，又名桑苏西宫，取自法文里的“无忧”一词，意指腓特烈二世可在此无忧无虑、逍遥自在地消磨夏日时光。整座宫殿建在山丘上，高高叠起的平行梯田式大台阶，构成了宫殿的底座。台阶总共100多级，从下往上看相当壮观。

无忧宫虽然只有一层，但是宫殿中央的圆顶大厅却依然显现出宫廷的气派。正殿两翼为长方锥形建筑。宫内分为12个房间。东翼是腓特烈二世的会客室、琴房、卧室和书房等，西翼则为5间贵宾室。据说腓特烈二世的艺术品位很高，不但吹得一手好长笛，而且经常在宫中举办小型音乐会。琴房中的油画“横笛音乐会”就生

腓特烈二世在宫内举行的长笛演奏会，可以看出腓特烈二世的音乐造诣颇高。

无忧宫建在丘峦之上，高高叠起的平行的梯田式大台阶，构成了宫殿的底座。台阶总共 100 多级，从下往上看蔚为壮观。

动地重现了当时宫廷的音乐生活。宫殿东侧的画廊珍藏有 124 幅名画，多为文艺复兴时期意大利和荷兰画家的名作。无忧宫建成以后，周围又陆续增建了花园和其他建筑，整个建筑群的规模达到了 290 公顷。花园中部有一座六角凉亭，被称为“中国茶亭”。碧绿的瓦、金黄色的柱子、伞形的盖顶和落地的圆柱结构，都是典型的中国风。无忧宫西面的新宫是一座典型的皇家建筑，是腓特烈二世统治的后期，招待宾客以及自己的主要住宿地区。这座宫殿内还有一间贝厅，墙上、地上都镶嵌着美丽的贝壳和宝石，瑰丽素雅。

腓特烈二世希望无忧宫里能够四季如春、阳光遍洒，有绚丽的色彩和香气扑鼻的水果芳香，但是在寒冷多雨的波茨坦，他的想法似乎有点脱离现实。对美好生活充满渴望的腓特烈二世认为，只要有合适的温度，他的愿望就会实现。于是，腓特烈二世就设计了一座非常独特的建筑，建筑是以大量“平台”构成，每个平台的旁边都是一排排的小温室，用来种植他喜爱的葡萄和无花果。试验成功后，兴奋的腓特烈二世甚至在宫殿前面的广场上全部安装了玻璃。“无忧宫”从此变成了他心目中

腓特烈二世和欧洲的学者、文人们一起进餐的场面。

1757 年，腓特烈二世借助“七年战争”进一步扩充了领土，确立了普鲁士在中欧的强国地位。

普军将领丧失了宝贵的作战时机，最终在耶拿被拿破仑击溃。

的“葡萄园中的快乐宫”。

多才多艺的腓特烈二世一向被称为“无忧宫中的哲学家”，他与法国著名学者伏尔泰（Voltaire，1694～1778）毕生的交往，成为欧洲文化史上的一段佳话。青年时代的腓特烈二世非常仰慕伏尔泰的启蒙学说，早在 1736 年，两人就开始了书信往来。14 年后，腓特烈二世邀请伏尔泰来到了普鲁士，并腾出无忧宫中最好的房间让他居住。两人就哲学、文学和艺术等方面的问题，进行深入而广泛的讨论。腓特烈二世的宗教宽容政策，让遭受宗教迫害的伏尔泰深为感动。虽然伏尔泰反对宗教专制，但是他却赞成强大而又开明的君主统治。在这一点上，他们的理念是相同的。

然而，由于两人的背景和经历不同，在国家统治理念上，彼此意见产生分歧，伏尔泰反对任何形式的世袭制度，而腓特烈二世当然不会认同。在哲学和文学方面，腓特烈二世视伏尔泰为导师，他的诗作经常会参考伏尔泰的意见。难怪临终前的伏尔泰一再强调说：“再也没有像腓特烈大帝那样尊重哲学和文学的君主了。”

腓特烈二世也是一个骁勇善战的人。1756 年，英国、普鲁士同盟与法国、奥地利、俄国、瑞典、西班牙同盟，为争夺殖民地和欧洲霸权爆发了战争，史称“七年战争”，又称第三次西里西亚战争。腓特烈二世借助此次战争进一步扩充了领土。战争结束时，普鲁士不但保住了西里西亚，而且确立了普鲁士在中欧的强国地位，进而奠定了与奥地利争霸德意志的局面。难能可贵的是，腓特烈二世特别善于从战争中汲取经验和教训，他不但著有《给将军们的训词》《当代史》和《七年战争史》等著作，而且经常和将军们在无忧宫里就战争问题进行交流讨论。

1786 年，在无忧宫中度过了大半生的腓特烈二世离开了人世。生前，他希望自己可以葬在无忧宫内 11 只爱犬的墓中，然而他的愿望并没有立刻实现，他的遗体先是被安置在波茨坦的格列森教堂。第二次世界大战期间，柏林濒临沦陷之际，他的遗体又被藏进一处岩盐矿内。第二次世界大战后，他的遗体被美军寻获，被放置在霍亨索伦城堡。直到 1991 年 8 月东西德统一以后，他的遗体终于结束了长期的“流浪生涯”，如其所愿，在无忧宫中与爱犬们共长眠。

帝国陨落 王宫色衰

欧洲国家的发展史就是欧洲列强的争霸史。1805 年 11 月，拿破仑占领维也纳之后，乘胜追击由英国、奥地利、俄国所组成的反法同盟军。奥国与俄国的军队准备在一个叫奥斯特里茨的小村庄阻击法军。12 月 2 日，拿破仑利用联军的一时疏忽，进行歼灭性的攻击，结果让俄奥联军死伤达 1.5 万人，并迫使俄奥联军解体。奥斯特里茨之战，日后也被视为拿破仑最为辉煌的一次战役。之后俄军被迫撤出奥地利，退回波兰。奥地利再次丧失大片领土和属地，并付出大笔赔款。

拿破仑为了巩固对德意志西部和中部地区的统治，决定建立莱茵同盟。在他的主导下，巴伐利亚、符登堡、巴登等 16 个西部和南部的德意志国家成立了莱茵同盟。同盟选举拿破仑为自己的保护人，并规定同盟有义务在发生战争时提供军事支援。莱茵同盟的成立，直接冲击并威胁普鲁士的领土安全。

奥斯特里茨战役被看作是拿破仑最为辉煌的一次战役，迫使俄奥联军解体。

1806 年 7 月 24 日，普、俄达成秘密协定。根据协定，俄国将以军备支援普鲁士对法作战，同时英国也保证提供财力支援。但是普鲁士军队不再是腓特烈二世领导下的军队，他们的后勤和武器装备已经落后，战术思想也显得保守而传统，更为严重的是，普鲁士军队的将领之间认知不一，各行其是。

在耶拿和奥尔斯塔特两大战役中，普军几乎全军覆没。拿破仑以 2 万人的劣势兵力打败 5 万人的普鲁士军队的主力。紧接着，拿破仑军队快马加鞭全力

图为拿破仑率军进入柏林时的场面。

追击，最终完全击溃普鲁士军队，取得了战争的胜利。

1806年10月27日，拿破仑率军进入柏林。在波茨坦中心广场，拿破仑凝视着腓特烈二世的半身塑像，压低剑头，脱帽向这位大帝致敬。随后，拿破仑参观了无忧宫，并下令不得破坏。不过，腓特烈为纪念普鲁士军队在罗斯巴赫打败法国而建立起来的纪念柱，却被拿破仑运回了法国。伴随着普鲁士王国的衰落，无忧宫皇室的光芒也逐渐退去，从此没有皇宫之名的无忧宫，成了真正的“无忧”宫。

势力强大的“容克”贵族

容克，原意为“地主之子”或“小主人”，是指没有骑士称号的贵族子弟，后泛指以普鲁士为代表的德意志东部地区的贵族地主。在德国从封建社会向资本主义社会过渡时期，容克地主长期垄断军政要职，是德国军国主义政策的主要支持者，他们主要的特点就是在名字中会有一个“VON”字。16世纪起，容克贵族们长期垄断军政要职，掌握着普鲁士的国家领导权。

容克地主在经济上掌握着大部分土地，和欧洲其他国家的地主相比较，德国的容克地主思想较为保守但更加勤恳。19世纪之后，容克地主逐渐开始从事资本主义经营，在德国经济中占据重要地位。他们不仅经营农业与商业，也大量经营工业和银行业，同时又改变农业经营形式，由收租的地主变成农业企业家。

容克地主靠着战争取得土地之后，向国王申请并获得该土地的所有权，让贵族利益和国家利益紧密结合，普鲁士（德国前身）就因此而快速发展，最终统一德

作为普鲁士王国统治阶级的容克贵族，垄断了普鲁士行政和军队中的一切职位，操纵着国家机器。

意志全境。他们是德国军国主义政策的主要支持者，甚至发动了第一次世界大战。

第二次世界大战结束后，反法西斯同盟（主要是苏联），为了从根源上铲除德国的军国主义，进行了大规模的经济及社会改革，将容克地主的土地或收归国有，或分配给小农耕种，东普鲁士北部被苏联吞并成为加里宁格勒州，南部被划归给波兰，当地的德意志居民被驱逐或流放，丧失了土地的容克地主从此退出了历史舞台。

关于无忧宫的历史大事

年代	关于无忧宫	历史大事记	文化与社会
1745 年	腓特烈大帝下旨建造波茨坦的行宫——无忧宫。	清军征剿四川上、下瞻村，平定盗匪之乱。	意大利物理学家伏特[1]诞生。 《石渠宝笈》编撰完成。
1747 年	无忧宫举行了落成典礼。	次年，奥地利王位继承战争结束。	前一年，西班牙画家戈雅诞生。 1748 年，法国启蒙思想家、法学家孟德斯鸠出版《论法的精神》。
1750 年	腓特列大帝在完整的法式圆形花坛广场四周，安置由大理石雕刻的罗马神话人物雕塑，这些雕塑只保持到 1764 年。	葡萄牙进行蓬巴尔改革。	新古典主义开始风行西欧。 “西方近代音乐之父”巴赫去世。
1806 年	拿破仑攻占柏林，下令不得破坏无忧宫。	拿破仑公布《柏林敕令》，以大陆体系封锁英国。	前一年，德国诗人、剧作家席勒逝世。
1840～1842 年	普鲁士国王威廉四世将建筑物规模进行扩大，并将两边侧殿延伸。	中英鸦片战争爆发。 1842 年，鸦片战争结束，清廷战败，签订中英《南京条约》。	英国首先使用邮票。 俄国作曲家柴可夫斯基诞生。 法国印象派画家莫奈诞生。
1990 年	联合国教科文组织以“无忧宫的宫殿与公园，可视为普鲁士的凡尔赛宫”的原因，将无忧宫宫殿建筑与其宽广的公园列为世界文化遗产。	东西德统一。 1991 年，拉脱维亚与爱沙尼亚脱离苏联而独立。 南北也门统一。	人类第一次徒步穿越南极。 哈勃望远镜进入太空。 瑞士洛桑奥林匹克博物馆正式开馆。 史学家钱穆、孙立人将军、学者冯友兰逝世。 1000 年前应州大地震遗址被发现。 英法海底隧道开通。

[1] 伏特，一作伏打。见：《辞海》（第六版缩印本），上海辞书出版社，2010 年 4 月第 1 版，2016 年 2 月第 11 次印刷，第 523 页。

土耳其·伊斯坦布尔

托普卡珀宫

TOPKAPI PALACE

希腊女奴隶主的后宫天堂

在托普卡珀宫的历史中出现了一位美貌绝伦而又阴险狡诈、冷酷无情的妃子——柯赛姆。她是一个出生在希腊的女奴，凭借妖娆艳丽的外貌成为苏丹的宠妃，后来却成了奥斯曼帝国历史上控制帝国朝政将近半个世纪的主人。

涂满牛羊油脂的木板是致命武器

城市是人类历史的轨迹，而建筑则标榜着文明的发展。伊斯坦布尔独特的地理位置和历史进程，成就了身在其中的托普卡珀宫。托普卡珀宫的产生以及由此所延伸的历史人文故事，更丰富了这座城市的文化内涵。

伊斯坦布尔是世界上唯一一个横跨两大洲的城市，也是古代丝绸之路的终点。据说公元前658年，古希腊的一位国王想要建一座新城，想来想去也不知道应该建在哪里好，于是国王就亲自去问神的使者。使者用手指着东方说："去太阳升起的地方吧，那是神的旨意。"满心欢喜的国王立即命令自己的儿子率领一批人马，遵照国王的嘱托，去东方寻找建城之地。当他们乘船来到今天土耳其的金角湾与马尔马拉海之间的博斯普鲁斯海峡时，看到朝阳升起，海水映射出了点点橘红，青山含黛间多了一份神圣与庄严。被美丽的景色迷住的王子，认为这应该就是父王想要寻找的地方了，于是这里就成了国王的新城所在地。

但是真正有史料记载的伊斯坦布尔，要追溯到罗马帝国时期。公元330年，罗马帝国皇帝君士坦丁大帝发现了这个地方之后，便迁都于此，并把这里称为"君士坦丁的城市"。后来罗马帝国分裂为东西两部分后，君士坦丁堡成为东罗马帝国（即拜占庭帝国）的首都。1054年东西教会大分裂之后，西罗马教皇发动了著名的十字军东征，拜占庭帝国日薄西山，摇摇欲坠，为后来的突厥人提供了入侵的契机。

乌尔汗继承王位后，建立了正规的常备军，要求军人终生服役，不得建立家庭，这为奥斯曼帝国的大举扩张奠定了基础。

突厥人最早源于阿尔泰山一带，后来被

伊斯坦布尔是世界上唯一一个地跨两大洲的城市，地理位置相当重要。图为中世纪油画作品中的伊斯坦布尔。

唐朝所灭。到了 13 世纪，蒙古人的军事扩张迫使突厥人西迁至小亚细亚一带。大约在公元 1300 年，奥斯曼一世在位期间，突厥人的部落成了独立的伊斯兰国家。

20 多年后，奥斯曼夺取了拜占庭在小亚细亚的重镇布尔萨（Bursa），控制了军事要地马尔马拉埃雷利西，并把首都迁到了那里。

之后，乌尔汗继承王位，开始了奥斯曼帝国大举扩张之路。为此，他极力建立正规的常备军队，要求军人终生服役，不得建立家庭，但待遇优厚，并享有特权。而且在奥斯曼帝国内，男孩从小就要接受军事训练，社会上以战争掠夺为荣，战士打起仗来英勇顽强。随着军队数量的增加和战斗力的提升，富庶的欧洲大陆成了乌尔汗攻占的目标。

此后百年间，奥斯曼帝国的扩张之路一直持续着。1389 年，奥斯曼帝国打败了由塞尔维亚、保加利亚、波斯尼亚、瓦拉几亚、阿尔巴尼亚和匈牙利人组成的联军，并先后将他们兼并为帝国的行省。6 年后，在多瑙河河畔的尼科堡战役中，奥斯曼军队一举打败了匈牙利、法兰西、德意志等国的联军，近万名十字军被俘。除了三百名贵族骑士被巨款赎回以外，其余的几乎全部被杀害。从此，担惊受怕的欧洲人只能无奈地看着奥斯曼帝国肆意扩张，最终巴尔干半岛沦陷了。

知识渊博、聪慧过人的穆罕默德二世。

穆罕默德二世（Mehmet II，约 1430～1481）继位以后，决定在位于巴尔干半岛与小亚细亚半岛之间的地带建立永久的根据地，扼黑海出入之咽喉。于是，君士坦丁堡成为一个再合适不过的选择。

穆罕默德二世是一个知识渊博、聪慧过人的帝王。他不但通晓文学体的突厥文、阿拉伯文、波斯文和希腊文，而且也能用塞尔维亚语和意大利语与人交谈。他喜欢诗歌，能够熟读伊朗、希腊和罗马的古典诗篇。他尤其喜欢阅读亚历山大大帝和古罗马诸王的传记，从小就非常敬仰和钦佩历史上的英雄人物。他对于战争以及相关的事物，例如战略、战术、军火、装备、后勤供应、地形、地貌等问题的研究颇有建树，这也为他后来带兵打仗提供了最佳的帮助。

为了取得战争的绝对胜利，他下令在博斯普鲁斯海峡最狭窄处的欧洲岸边建立据点。短短 4 个月，一座宏伟的碉堡矗立起来，取名为“博加兹凯森”，意思是“切断博斯普鲁斯海峡”。继而开始储备了大量军需用品，其中最大的一门大炮能发射 1200 磅重的巨石。

面对奥斯曼的气势，东罗马帝国的末代皇帝君士坦丁十三世不得不屈膝求和，恳请苏丹停止修建堡垒。但是穆罕默德二世却傲慢地告诉使者：“海峡两边都是我的土地，让你们的皇帝赶快献出君士坦丁堡吧。”求和无望的君士坦丁十三世只好赶紧备战。他们在易受攻击的西南陆地，修筑了两道比较坚固的城墙，每隔 50 米加筑一座堡垒，墙外是又深又宽的护城河。为了防备敌人从北面进攻，又在金角湾入口处以铁索封锁住港口的入口处。君士坦丁堡虽然只有 8000 多名西方佣兵和 20 艘战舰，但由于该城地势险要、城墙坚固、防守森严，要想完全攻破这座城池也绝非易事。

1453 年 4 月 6 日，穆罕默德二世亲率 15 万大军和 300 多艘战舰，包围了君士

在尼科堡一战中，奥斯曼军队打败了匈牙利、法兰西、德意志等国的联军，近万名十字军被俘，除了三百名贵族骑士被巨款赎回以外，其余的几乎全部被杀。

1453年4月6日，穆罕默德二世亲率15万大军和300多艘战舰，包围了君士坦丁堡。53天以后，君士坦丁堡被攻陷，拜占庭皇帝君士坦丁十三世阵亡。

穆罕默德二世当政时期，是奥斯曼帝国史上一个崇尚武力征服、浮躁而又野蛮的年代，士兵有着非常特殊的身份和地位。

坦丁堡。数万名奥斯曼士兵扛着粗大的树干，滚动巨大的木桶，冲向护城河，企图搭成活动浮桥攻进城去。东罗马军民在城墙上，用毛瑟枪和石弹炮不断还击，奥斯曼军队伤亡惨重，无法靠近护城河。由于强攻不成，奥斯曼军队便开始挖地道，想穿过护城河和两道城墙进入城内。但是地道还没挖好，就被城中的居民发现，于是地道被炸坏堵死了。

机智果敢的穆罕默德二世决定用牛皮（牛皮不容易起火）裹着战船，搭成简易碉堡，逼近君士坦丁堡，但仍然无法奏效。穆罕默德二世冷静分析了君士坦丁堡的地形之后，认为应该把金角湾当作攻城的突破点。如果让战船从博斯普鲁斯海峡越过金角湾北部的加拉太，就可以避开东罗马人的障碍，直达君士坦丁堡城下。于是，穆罕默德便派人贿赂居住在城内的热那亚商人。见钱眼开的热那亚商人帮助奥斯曼军队沿着加拉太东部用木板铺设了一条 6 公里长的道路。奥斯曼军队在木板上涂满牛脂和羊油，经过一夜的努力，70 多艘奥斯曼兵船沿着这条木板滑道，全部进入了金角湾。

强盛时期的奥斯曼帝国呈现一片祥和的景象。

奥斯曼兵船突然出现在金角湾，让守城士兵大为惊恐，指挥官赶忙从其他阵地抽调兵力，以加强金角湾的防御。尽管守城军民顽强抵抗，但形势越来越危险。从5月26日开始，奥斯曼军队的士兵用了整整3天时间猛烈地炮轰城墙，终于打开了一个缺口。最终，奥斯曼军队如潮水般地涌入了君士坦丁堡。5月29日，顽强坚持了53天的君士坦丁堡，被强大的奥斯曼军队攻陷了，拜占庭皇帝君士坦丁十三世阵亡，千年帝国终告灭亡。

先知穆罕默德的圣骨盒。

更为不幸的是，土耳其人攻陷该城之后，大肆劫掠，许多居民被杀或被掠为奴隶，古城笼罩在恐怖的屠城阴影之中。穆罕默德二世随后迁都于此，并把君士坦丁堡改名为伊斯坦布尔，即“伊斯兰教的城市”的意思。穆罕默德二世采取强硬手段，强迫能工巧匠迁入城内定居，修复城墙等被战争毁坏的设施。随着奥斯曼帝国疆域的扩大和江山的日趋稳固，穆罕默德二世决定修建一座王宫，以彰显帝国的荣耀和尊严，于是托普卡珀宫便诞生了。

强盛帝国的隐忧

1459年，托普卡珀宫在穆罕默德二世胜利的号角中动工，那是一个崇尚武力征服的浮躁而又野蛮的年代，因此建筑的风格也颇具特色。16年后，一座富丽堂皇、恢宏雄伟的宫廷建筑落成了。毫无疑问，这座博斯普鲁斯海峡与金角湾及马尔马拉海交会点上的辉煌宫殿建筑，保存了奥斯曼时期的建筑风格，成了伊斯兰世俗建筑的代表之作。

由于这里曾经有一座拜占庭时期的名为托普卡珀的城堡，因而取名为托普卡珀宫，土耳其语意为“大炮门”。作为城市地标的托普卡珀宫，是奥斯曼帝国文化

从这支整齐划一的宫廷乐队身上可以看出当时奥斯曼帝国文化的高水平，而这与帝国对外来事物的包容有绝对关系。

托普卡珀宫内接生的情景。

的极致展现。由于伊斯坦布尔曾经被罗马帝国控制，东西罗马的教皇之争也为这座城市留下了难以抹去的痕迹，因此，托普卡珀宫也成了伊斯坦布尔多元文化的一部分。

整座宫殿共有 7 座高大、厚实的大门，4 座朝陆地、3 座朝海洋，凭海临风，别有一番风味。其中主要的一座大门面对著名的圣索菲亚大教堂，大门内大约 300 米处有一个中门，两门之间是皇宫的前院，中门内有葱郁的花园。花园右边是笼罩在柏树和梧桐树绿荫下的御膳房，现在则成了水晶制品、银器以及中国瓷器的收藏展示馆。左侧是苏丹及后妃们居住的内宫。花园深处的库贝阿尔特宫是苏丹召集大臣议事之处。宫殿内成组的宫室中，比较有名的建筑有彩石砖阁、谒见厅、保留着先知穆罕默德圣物的圣堂，以及为了纪念攻下巴格达而修建的巴格达厅等。

土耳其共和国成立后，托普卡珀宫被改成博物馆。馆中收藏和展出了奥斯曼时代的珍品，有苏丹的王冠、宝座、镶有百颗钻石的盔甲、重达十磅的大宝石、镶嵌有 6666 颗钻石的金蜡烛等，琳琅满目。全馆共分瓷器馆、土耳其国宝馆、古代武器馆、古代钟表馆等，还有一座图书馆及书法展览室。瓷器馆中藏有上自中国唐宋时期，下至明清时期的古代瓷器 2 万多件。

胆识过人的苏莱曼一世

奥斯曼帝国历史上胆识过人、谋略超群而又光明磊落的国王苏莱曼一世。

在托普卡珀宫内有一座精致的巴格达亭。睹物思人，不得不提起奥斯曼帝国历史上一位胆识过人、谋略超群而又光明磊落的功勋人物——苏莱曼一世（Süleyman I，约 1495～1566）[1]。在他统治期间，奥斯曼帝国的国力达到了前所未有的鼎盛时期。他率军与欧洲的十字军骑士团争夺领地的战争，被看作是他真实性格的展现。

十字军骑士团最早出现在中世纪的欧洲，是欧洲封建主为保卫他们在富庶的地中海地区所侵占的领地上建立的宗教性军事组织。后来，罗马教皇又组织了几个僧侣骑士团，其使命是镇压十字军国家中人民的反抗，保卫并扩大十字军领地。这个时期的骑士团是一种僧侣帮派，大多数僧侣骑士是西欧各国没落的贵族，有严格的纪律，并按照修道会方式组织起来。骑士团的成员不得娶妻生子，也不得谋求财富，更不可违背天主教会的旨意。同时，骑士团内部还实行严格的集权制，必须唯教皇之命是从。

但是骑士们却借助教皇给予的特权大量累积财富。十字军国家的封建主为了借

[1] 一作 1949 年生。见：《外国历史大事年表》，上海辞书出版社，1997 年 6 月第 1 版第 1 次印刷，第 264 页。

在巴勒斯坦地区活动的骑士团是一支训练有素、纪律严明的骑士军。1522 年，苏莱曼一世率军将他们打败，并特许他们安全离开罗德岛。

助他们的力量让西欧人长期占据地中海东岸，也给予骑士团以优厚的待遇。奥斯曼帝国时期，巴勒斯坦地区一支没落的骑士团，打着为饥饿和染病的朝圣者从事慈善工作的幌子，继续在当地活动，并保持着一支训练有素、纪律严明的骑士军。在奥斯曼土耳其帝国的进逼之下，这支骑士团后来被迫转移到地中海东部的罗德岛。

1522 年，继位两年的苏莱曼一世为了解除进犯欧洲的后顾之忧，决定将罗德岛上的骑士团彻底歼灭。让他意想不到的是，虽然骑士团作战人数不到万人，但是面对数倍于自己的奥斯曼军队，他们竟毫不畏惧，坚强应战。久经沙场的苏莱曼一世被骑士团的战斗精神所震惊。半年后，奥斯曼军队付出了惨重的代价，才迫使骑士团投降。苏莱曼一世出于对骑士团的敬佩和赞赏，特许这支敌军安全离开罗德岛。

随后，苏莱曼一世的军队又在摩哈赤附近打败了匈牙利和捷克联军，杀死了匈牙利的国王拉约什二世[1]，并从此踏上向欧洲大陆扩张的跳板。

[1] 一作路易。《外国历史大事年表》，上海辞书出版社，1997 年 6 月第 1 版第 1 次印刷，第 257 页。

1526年，苏莱曼一世率军在摩哈赤附近打败匈牙利和捷克联军，杀死了匈牙利的国王拉约什二世。图为拉约什二世。

在柯塞姆的策动下，穆拉德四世成功地登上了王位，他是一个不恋女色、钟情战场的国王，在东方战场上取得了辉煌的战绩。

为了争夺阿拉伯半岛地区的领导权，奥斯曼帝国和伊朗之间战争不断，最终两国签署协约，但也仅仅使这一地区获得30年的短暂和平。

苏莱曼一世一生中曾经率军七次远征，为奥斯曼帝国的扩张立下了汗马功劳。然而遗憾的是，他并没有等到战役的胜利就病死在军营大帐中。图中戴白帽者为苏莱曼一世。

禁卫军行刑场面。

1529 年，苏莱曼军队进攻匈牙利，由于粮食匮乏和疾病流行而被迫撤退。3 年后，不甘心的苏莱曼军队卷土重来，由于当时匈牙利在奥地利的管辖之下，因此奥军在查理五世统率下，在匈牙利中部地区顽强地阻止了苏莱曼军队的进攻。次年 7 月，战争中陷于被动地位的奥军被迫和苏莱曼一世在伊斯坦布尔签订了和约。虽然，奥地利暂时保住了匈牙利西部和西北部地区，但是匈牙利其余部分均归苏莱曼一世管控，而且奥地利必须每年向苏莱曼一世进贡。显然，这些并不能满足苏莱曼一世的胃口，于是他又联合了另一个欧洲强国——法国，共同对付奥地利。

1540 至 1547 年，奥法联盟共同进攻奥地利，两线作战的奥地利被苏莱曼的军队打败，被迫割地求和。如此一来，苏莱曼一世占领了匈牙利大部分的地区。

除了欧洲战场以外，苏莱曼一世也没有放弃对亚洲周边国家的侵略。尽管奥斯曼帝国和伊朗都信奉伊斯兰教，但是派别不同。奥斯曼帝国以逊尼派为国教，伊朗则以什叶派为国教。两国为了争夺宗教统治权和两河流域的领土，以及控制欧亚两洲之间重要战略和贸易交通枢纽而引发的战争，由来已久。早在1533年，苏莱曼一世打败奥地利后，就准备着手进攻伊朗，以夺取阿拉伯半岛地区的领导权。经过短暂而又周密的准备工作之后，奥斯曼军队首先打响了对格鲁吉亚西南部的战争。由于该地区的战略位置相当重要，历来是兵家必争之地，若控制了这个地区，就意味着能够在外高加索和美索不达米亚地区的控制中抢得先机。因此，战争进行得缓慢而残酷。

2年后，互有损伤、僵持不下的两国缔结和约，规定两国平分格鲁吉亚和亚美尼亚，伊朗仍然占有外高加索现有的领土，奥斯曼帝国则占领了著名的城市巴格达。如今，那座精致的巴格达虽然已无昔日的荣耀，但却静静地追忆着苏莱曼一世叱咤风云的英姿。

不久，苏莱曼一世又在很短的时间里占领了非洲的大片土地，奥斯曼帝国由此迈入全盛时期。辽阔的疆域，提供了肥沃的平原并生产充裕的粮食和原料。君士坦丁堡、大马士革、巴格达、开罗和其他古老城市的熟练工匠制造出了大量手工业产品，并销往帝国各地。苏莱曼一世的霸权，促进了经济的融合与发展，对外贸易和过境贸易日趋活跃，东西方物质和文化有着频繁的交流。

1566年，年届72岁的苏莱曼一世率领20万奥斯曼帝国的大军，从伊斯坦布尔出发，进军桀骜不驯的匈牙利，这是苏莱曼一世一生中的第七次远征。此时，已经不能骑马的苏莱曼端坐在一辆马车内，遗憾的是，就在斯哥特瓦战役胜利的前一晚，他病死在军营大帐中。

希腊女奴掌控朝中大权

在托普卡珀宫的历史中，还曾出现过一位天生丽质、美貌绝伦而又阴险狡诈、冷酷无情的“奴隶”女主人“柯塞姆”。她是一个出生在希腊的女奴，15岁的时候被选入富丽堂皇的托普卡珀宫。外表的娇艳使她成为当时帝国的苏丹艾哈迈德一世最喜爱的两个宠妃之一，未曾想到她却成了奥斯曼帝国历史上控制帝国朝政近半个世纪的“奴隶主人”。柯塞姆为艾哈迈德一世生了3个儿子：穆拉德、易卜拉欣和巴业塞德。

外表娇美、实则狡诈的柯塞姆是一个出生在希腊的女奴，15 岁的时候被选入富丽堂皇的托普卡珀宫。

1617 年艾哈迈德一世离开了人世，从此，托普卡珀宫成了柯塞姆一个人的舞台。她让艾哈迈德一世患精神病的兄弟穆斯塔法成为苏丹。因为，在她看来，如果按照奥斯曼帝国的规定，不让穆斯塔法继承王位的话，艾哈迈德一世的另外一个宠妃哈蒂科的儿子奥斯曼才是合法的继承人。这无论如何都是嫉妒心强而又担心儿子性命的柯塞姆无法接受的。

弑兄戮弟一向是帝国苏丹王位继承争夺中常会发生的事。一年以后，疯子苏丹穆斯塔法因为无力治理国家而被废黜，哈蒂科的儿子奥斯曼被拥立为苏丹，史称奥斯曼二世。出乎柯塞姆意料的是，奥斯曼二世并没有因为想巩固政权而杀死她的儿子们。

于乱政之中就位的奥斯曼二世，虽然一心想恢复帝国之初的权威和荣耀，无奈力不从心。奥斯曼帝国在与伊朗的战争中惨败，他成了帝国衰落的代罪羔羊，与伊朗签订了一份屈辱的和约。本应效忠苏丹的禁卫军们桀骜不驯、难于驾驭，他们认为奥斯曼的怯懦行为是帝国的耻辱。

1622 年，奥斯曼帝国在与波兰的战斗中失败，这成为禁卫军政变的导火线，他们冲进皇宫，杀死了奥斯曼二世，于是穆斯塔法又成了苏丹。这再次给了工于心计的柯塞姆机会。15 个月后，穆斯塔法再次被罢黜。于是，柯塞姆 14 岁的儿子穆拉德顺理成章地成为新的苏丹，史称穆拉德四世。由于他年纪尚小，于是由柯塞姆辅佐摄政，成为奥斯曼帝国实际上的主人。这一时期，柯塞姆担心自己的儿子被女人利用，竟然挖空心思不让穆拉德四世接触女性。更不可思议的是，她一度还鼓励未成年的穆拉德四世与同性发生关系。可见其权利熏心、自私刻薄到了极点。

经过 9 年的权力动荡，穆拉德四世从 1632 年开始完全控制了政府。由于对欧洲的征战屡遭挫败，穆拉德四世致力于征服东方。受柯塞姆左右，一生不恋女色的穆拉德四世，在东方战场上取得了暂时的军事胜利。他不仅进犯了亚美尼亚和阿塞拜疆，占领了北美索不达米亚和摩苏尔地区，而且奥斯曼军队还转战外高加索和伊朗西部，洗劫了哈马丹城。1639 年，奥斯曼帝国占领了阿拉伯、伊拉克。但是短暂

1622 年，一心想恢复奥斯曼帝国荣耀的奥斯曼二世的军队，在进攻波兰的战争中惨败，导致禁卫军叛变杀死奥斯曼二世。

的军事胜利已经不能延续奥斯曼帝国的辉煌。此时，穆拉德四世因肝硬化卧病在床，生命垂危。柯塞姆见此情景，只能让穆拉德的弟弟易卜拉欣担任苏丹一职，巧合的是易卜拉欣也和他的叔叔穆斯塔法一样，患有精神疾病。但是柯塞姆宁可选择一个精神病儿子作为奥斯曼苏丹，也不愿意看到大权旁落。就这样，穆拉德四世死后，易卜拉欣当上了奥斯曼帝国的苏丹，史称易卜拉欣一世。

易卜拉欣一世是一个非常可怕、糟糕的皇帝。先天的精神疾病让他容易冲动、喜怒无常。在托普卡珀宫内，易卜拉欣一世过着奢靡、无度的生活。他着迷于年轻的处女，而作为母亲的柯塞姆更愿意为他每天提供新鲜的受害者，从而控制易卜拉欣一世，控制着奥斯曼帝国的内政与外交。

然而，柯塞姆的权力之路，并不是一帆风顺的。易卜拉欣一世最喜爱的宠妃莎恩不仅侵蚀了易卜拉欣权力的基础，而且为了争夺对易卜拉欣的控制，莎恩和柯塞姆之间明争暗斗。1648 年，易卜拉欣和他的哥哥奥斯曼二世一样，被造反的禁卫军

16 世纪托普卡珀宫在伊斯坦布尔的模型规划图。

罢黜。易卜拉欣和莎恩唯一的儿子，当时年仅 6 岁的穆罕默德继位，即穆罕默德四世。柯塞姆借助多年的掌政人脉关系，继续对穆罕默德四世施加控制，直到她几年后死去为止。

到了穆罕默德四世真正接手时，奥斯曼帝国已经是一个摇摇欲坠的国家。1656 年，莎恩说服穆罕默德四世任命库鲁鲁·穆罕默德作为奥斯曼帝国的国家元老。历史证明穆罕默德的这一任命是正确的。在库鲁鲁·穆罕默德的辅佐下，奥斯曼帝国很快稳定了政权。但是这对于日薄西山的奥斯曼帝国而言，已经于事无补了。

皇亲贵族争夺政权的内讧是奥斯曼帝国分崩离析的主要原因之一。不过让人惊奇的是，柯塞姆这个希腊的奴仆成了托普卡珀宫内的主人之后，不但影响了她的丈夫，而且左右了他的两个儿子和一个孙子，想必也是封建制度的必然悲哀吧。1853 年，随着奥斯曼帝国新的王宫多尔马巴切宫的完成，托普卡珀宫也在帝国衰落的哀鸣中，告别了博斯普鲁斯海面上所倒映着的夕阳余晖。

关于托普卡珀宫的历史大事

年代	关于托普卡珀宫	历史大事记	文化与社会
1459 年	苏丹穆罕默德二世开始动工兴建新皇宫，到了 19 世纪才称为托普卡珀宫。	明英宗重登帝位后，大肆杀戮前朝遗臣，并镇压手握兵权的石亨及曹吉祥，史称曹石之变。	意大利人文学者、历史学家波基奥·布拉乔里尼逝世。
1520～1560 年	苏莱曼一世统治时期，进行扩建。扩建工程由波斯建筑师阿勒乌丁担任。	1521 年，阿兹特克帝国被西班牙科尔特斯殖民军灭亡。	1520 年，文艺复兴三杰之一的拉斐尔病逝。 1520 年，麦哲伦率西班牙船队穿过麦哲伦海峡。 1521 年，麦哲伦被菲律宾土著杀害。
1478 年	托普卡珀宫的帝王之门落成，又称苏丹之门，是帝王进出的通道，可直达圣索菲亚大教堂。苏丹会经由帝王之门进入皇宫。	张瓒平定四川松潘苗民起义。	明成化十四年，黄河决堤，河南巡抚李衍主持修竣治理河道工程。 波提切利创作《春》。

（续表）

年代	关于托普卡珀宫	历史大事记	文化与社会
1542 年	崇敬门亦称中门。设有大炮的大门有两座八角形的尖塔，建筑结构与拜占庭的建筑相似，是从博斯普鲁斯海峡的海路进入皇宫的皇室专用入口。根据门上的刻文显示，最迟是在穆罕默德二世统治时期所建。	玛丽·斯图亚特就任苏格兰女王。 宗教裁判所在意大利罗马设立宗教法庭。	前一年，西班牙画家葛雷柯诞生。 次年，波兰天文学家哥白尼发表《天体运行论》后逝世。 次年，德国画家霍尔班逝世。
1574 年	一场大火摧毁了御膳房。苏丹塞利姆二世委任锡南重建被烧毁的部分，并且扩建后宫、浴堂、私人宫殿以及海岸上的亭台楼阁。到十六世纪末，当时的托普卡珀宫已具现今的规模。	法国国王查理九世逝世，亨利三世即位。	文学家归有光逝世。 1576 年，意大利文艺复兴盛期威尼斯画派画家提香逝世。 1571 年，意大利画家卡拉瓦乔诞生。
1719 年	皇室建筑师密玛尔·贝希尔·阿加奉苏丹艾哈迈德三世之命，兴建具新古典主义风格的恩德仑图书馆，又称穆罕默德三世图书馆。	英国与瑞典签订《斯德哥尔摩和约》。 次年，俄军入侵瑞典，结束瑞典称霸波罗的海的时代。	英国小说家笛福出版《鲁滨逊漂流记》。 清康熙五十七年（1718 年），颁《皇舆全览图》。 北美《信使》月刊在费城创刊发行。
1853 年	奥斯曼帝国的新皇宫落成后，托普卡珀宫便逐渐衰落。	俄国向土耳其开战。 美国海军船舰入日本东京湾[1]。	荷兰画家凡·高诞生。 威尔第歌剧《游唱诗人》在罗马首演成功。 亨利·史坦威在纽约开始制造史坦威钢琴。 次年，英国小说家、剧作家、诗人王尔德诞生。

[1] 一作江户湾。见：《外国历史大事年表》，上海辞书出版社，1997 年 6 月第 1 版第 1 次印刷，第 434 页。